移动社交微电商营销

从入门到精通

金迹人◎著

人民邮电出版社
北京

图书在版编目（CIP）数据

移动社交微电商营销从入门到精通 / 金迹人著. -- 北京 : 人民邮电出版社, 2017.3
ISBN 978-7-115-44816-3

Ⅰ. ①移… Ⅱ. ①金… Ⅲ. ①电子商务－网络营销－基本知识 Ⅳ. ①F713.365.2

中国版本图书馆CIP数据核字(2017)第022494号

内 容 提 要

本书分为移动社交电商营销思维篇、移动社交电商营销模式篇、移动社交电商粉丝引流篇、移动社交电商营销实战篇、移动社交电商六大黄金法则、移动社交电商营销案例篇六大部分。内容既有理论，也有实操方法，特别是营销方法，图文配合，步骤图清晰明确，可跟着操作。此外，本书选择了诸多知名案例进行方法分析，有很强的指导性。本书适合移动社交电商从业者、微商创业者、传统企业营销人员、互联网创业者等群体阅读。

◆ 著　　　金迹人
责任编辑　李士振
责任印制　周昇亮

◆ 人民邮电出版社出版发行　　北京市丰台区成寿寺路 11 号
邮编　100164　　电子邮件　315@ptpress.com.cn
网址　http://www.ptpress.com.cn
大厂聚鑫印刷有限责任公司印刷

◆ 开本：720×960　1/16
印张：17　　　2017 年 3 月第 1 版
字数：368 千字　　　2017 年 3 月河北第 1 次印刷

定价：49.80 元

读者服务热线：(010)81055296　印装质量热线：(010)81055316
反盗版热线：(010)81055315
广告经营许可证：京东工商广字第 8052 号

序

随着移动互联网的普及，电商已经从传统的 PC 端转移到了智能手机端，产生了移动社交电商、微商等多样化的移动电商模式。随着移动电商的迅猛发展，传统的电商营销模式已经不能完全满足市场需求。移动电商营销需要从移动互联网的特点出发，利用各种移动互联网平台和工具，直接向目标受众定向而精准地传递个性化即时消息，从而与消费者良性互动，精准地满足其需求。

“时代变了”，这是很多人的口头禅，尤其是对于互联网人士而言。在互联网时代下，电商时代、社交时代、数据时代、移动社交电商时代、微商时代……众多时代概念纷至沓来，无数的名词、无尽的概念，迷了太多人的眼。

对此，营销人、创业者无疑是最为迷惑、茫然的群体。

早已习惯大众媒体下传播思维的你们，好不容易开始转变思维，进入互联网时代，进入社交时代，进入移动互联网时代……但层出不穷的概念，让太多人渐渐失去了方向，很多人也因此成为了概念的追逐者，成为了制造噱头的佼佼者，“吸睛”无数，却难以获得实在的效益。

随着移动智能终端和 4G、Wi-Fi 网络的普及，作为移动互联网时代的重要工具，智能手机已经覆盖了全国大部分人群，随着 App 的极大丰富和完善，人们的生活和工作需要，几乎都能依靠手机满足。

在这个满街都是“低头族”的年代，营销也必须与移动互联网、手机结合在一起。依靠各种便携的移动智能终端，所有人、所有场景、所有物品都能够被连接到一起。在这种连接中，也必然会产生极大的营销力量。

本书从移动社交电商营销的入门知识讲起，通过营销思维的改变、移动营销模式的选择、移动营销方法的实战，以及知名移动社交电商营销案例等模块，教会移动社交电商从业者轻松营销，快速成交。特别是营销方法实战，极为实用，由浅入深，移动社交电商从业者可以边学边跟着做。同时，案例的分析与总结也极具指导价值，能帮助从业者少走弯路，更快速地创业成功。不足之处，请各位读者斧正！

金迹人

2016 年 11 月

目录

Part 1 移动社交电商营销思维篇

Part 2 移动社交电商营销模式篇

Part 3 移动社交电商粉丝引流篇

Part 4 移动社交电商营销实战篇

Part 5 移动社交电商六大黄金法则

Part 6 移动社交电商营销案例篇

Part 1

移动社交电商营销思维篇

1.1 移动社交电商重构商业生态

移动社交电商来了！如果说当年 PC 互联网的兴起，让中国人几千年以来的传统生活习惯自此自由，那么，移动社交浪潮，更是席卷当下每个人的生活，并足以改变整个社会的经济模式。

尤为值得注意的是，移动社交电商的出现与兴盛。

近年来，智能手机的全面普及，刺激着移动端电商的迅速发展。根据统计显示，2015 年，中国移动端网络零售交易额增长到 2.1 万亿元，在网购总交易中所占比例超过 PC 端，这意味着互联网商业生态重建过程的开始，“未来”已经到来。

回顾互联网零售商业历史可见，20 世纪 90 年代开始，新浪等门户网站称雄电商业界，网站广告成为众多企业流量入口，这是商业营销的第一次变化。20 世纪初，搜索跃升为电商业态的决定性力量，百度、淘宝的搜索引擎成为电商竞争的主要阵地，商业营销第二次变化完成。今天，翻天覆地，商业营销的第三次变化已拉开帷幕。

调研报告显示，中国电商消费者中，有 58% 的人每天会查看手机 50 次以下，20% 的人会超过这个数字，手机成为消费者日常生活不可缺少的工具，加之移动社交工具如微信、QQ 等软件的普及，移动互联网环境中社交和信息的共享触手可及……面对这样的变化，电商模式发生根本变化就不足为奇了。

移动社交电商的发展趋势，集中在“移动”和“社交”两大方面。

移动维度上，产品销售行为越来越尊重消费者的习惯，固定化、整体化的营销战略已难以满足当下的特点，反之，碎片化、即时化和垂直化的营销，符合了消费者在移动端网购的新需求。

社交维度上，商业品牌的信息重点通过社交网络进行传播并增值，企业营销行为在很大程度上从传统渠道中脱身而出，通过顾客之间的告知、评价和分享，借助移动社交软件，更为高速度、高质量、高情感。也正是社交软件的电商化利用，新的口碑营销有了完全不同的价值和意义。

移动社交电商的构建过程中，消费者从明确目标型的购物转向了“逛”，他们不再单纯地将电商看成“在网上买东西”，而是把移动消费本身同互联网社交、休闲、娱乐等加以融合，在多种复合体验中完成消费。

总体上看，**移动社交电商的崛起，伴随着巨大市场的开放，表现出其独有的便捷、开放、包容、迅速等特性，这将让整个电商业态爆发出更大的潜力，其竞争程度之激烈、蕴藏价值之深远，也会比之前更令人向往。**如何运用新思维、新方法来应对，是每个企业与团队都不得不考虑和解决的问题。

1.2 移动社交电商营销之爆品思维

移动社交迎面走来，电商既有重大机遇，又面临严峻挑战。从大企业到小商户，想要生存与发展，都必须学会打造能点燃顾客兴奋点的产品。事实上，近年来成长迅速的电商企业，几乎都是靠主打几款甚至一款杰出产品发展而来的，学习并利用爆品思维，电商才能从容面对新的挑战。

1.2.1 什么是“爆品”

一款产品能够让顾客发现其有用，最多只能称为商品。但能够让顾客感到疯狂和幸福，并引发疯狂购买，就可以称为“爆品”了。

不同行业爆品的特点各自不同，其一般具有的特点包括：

容易使用，对顾客有独特吸引力；

与众不同，能够创造独特价值；

顾客依赖度大，只要使用过产品就会理解其价值并进而成为品牌粉丝；

性价比高，销售量能得以迅速增长。

1.2.2 爆品思维

作为最早依靠互联网社交渠道成功的电商企业，小米公司在打造爆品时强调“专注、极致、口碑、快”七字诀，同时也打造了成功的爆品思维案例。

专注，意味着集中电商手头资源首先只做好一款产品，不被风头所引领；极致，代表顾客能产生超强体验，产品可以改变他们的心智；口碑，意味着营销的集中化、社交化和复制化，没有强大的口碑，爆品就无法产生后续作用；快，则代表产品要能迅速占领市场、迅速推广和更新换代。

推而广之，成功的爆品思维，离不开下面几点具体措施，即四个关键措施，如图 1-1 所示：

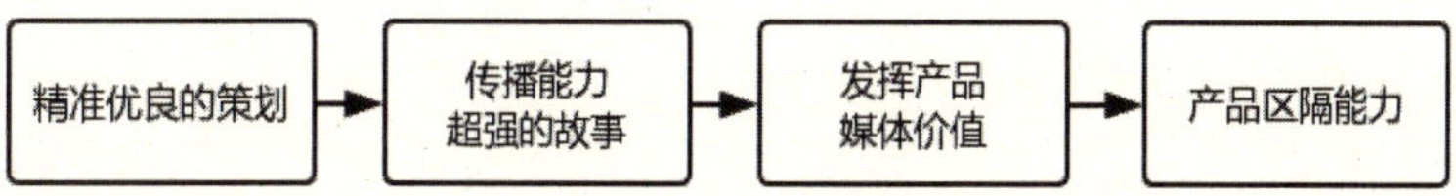

图 1-1 打造爆品的四个关键措施

1. 精准优良的策划

考虑产品的功能价值，与此同时策划其包装设计、产品色彩搭配和营销构图布局，包括产品营销的时间点和媒介渠道等。确保所有的策划工作都围绕形成爆品的目标来进行，以便依靠爆品形象传播赢得良好业绩。

2. 传播能力超强的故事

所有的爆品都要有其自身灵魂，而并非仅凭借质量或价格。因此，具有爆品思维的电商，不光要做好产品本身功能和直观形象宣传，还要为之塑造具有个性特点的故事，利用故事的特点去打动特定人群，以直观和感性形象改变潜在用户人群的看法。这样，爆品思维才会有具体依附和发挥载体。

3. 发挥产品媒体价值

互联网移动社交精神，需要通过移动网络进行交往与分享。想要发挥爆品思维，应慎重选择媒体渠道，从而将产品作为和顾客沟通的第一媒体。例如，在产品外包装上印刷二维码、提供顾客反馈沟通的网络空间等，这样，产品本身就会“说话”了。

4. 产品区隔能力

爆款产品应具有充分的娱乐性，体现在社交过程中，即要让顾客感觉到自己是发自真心地享受其乐趣。某电商销售的爆品生日蛋糕，其本身不仅有独特口味，而且能直接点燃其涂层，以产生视觉上的酷炫效果，因此而征服了大量潜在用户群体。

1.3 移动社交电商营销之用户思维

互联网思维的核心是用户。面对转型，电商应该学会以用户为原点去考虑问题，打造极致产品和服务。有了极致的产品和服务体验，用户才会主动从使用者变为传播者。

移动社交电商可以如此解读用户思维：

1.3.1 激活用户多重身份

即便在传统商业形态中，用户也不可能只是扮演单一的买家角色，通过口碑，他们具备各自不同的传播力。在移动互联网中，用户的传播意愿和能力会更加强烈，而其产生的效果也会更加直接。

某农资电商围绕用户进行的微信营销，不仅让访问者转化为消费者，而且让访问者担当起宣传者和推广者的角色。在营销过程中，该电商利用**客服线下推广**，不断**引导用户**（农民）通过微信、QQ 等**社交工具去传播**团队和产品形象，另外，该公司设计了专门的**代购员制度与推广链接**，让大顾客（种植大户）可以在利益的驱动下扮演**宣传者、推销者**的角色，如图 1-2 所示，即使是那些中小农户，也因为团购政策，自发地拉上亲朋好友，凑够购买量。这样，用户自然而然地便成为了推动产品的力量。

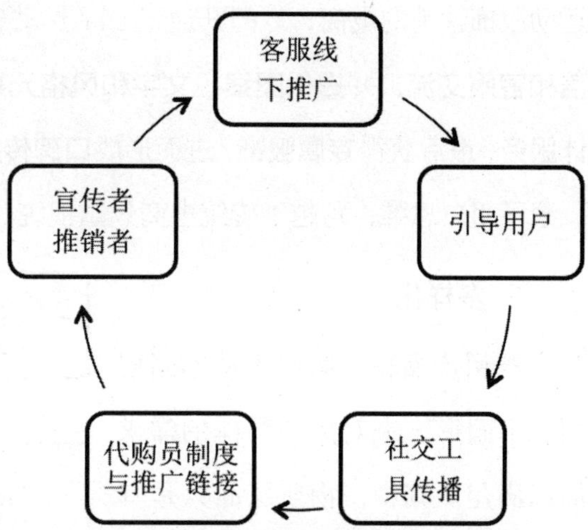

图 1-2 某电商的微信营销策略

1.3.2 人性化、个性化和多样化

用户思维需要表现出三个明显特性。

1. 人性化

无论是产品还是营销，都应该基于特定的用户进行，电商所进行的一切准

备工作，最终都要表现到用户身上，并体现出人性元素，如关心、信任、尊重、成就、爱等。

2. 个性化

产品应满足用户不同的需求，而不再只是对大众化需求加以满足。一家做运动服饰营销的电商，专门开通了 DIY 运动鞋和 T 恤衫的服务，用户能**通过微信和客服交流**，并**提供图案、文字和风格元素**，然后会得到**专业人士提供的设计服务**，最后获得**专属服饰**，进而形成**口碑传播**，如图 1-3 所示。类似这种产品，凝聚了用户思维，跨越了传统电商只重视统一产品功能的壁垒。

3. 多样化

利用产品和后续服务从不同层面、不同形态来对用户整体的需求加以满足。其中，物质层面只是其中的单一方面，其他诸如文化、情怀、精神、思想等层面的需求，都能通过营销加以满足。

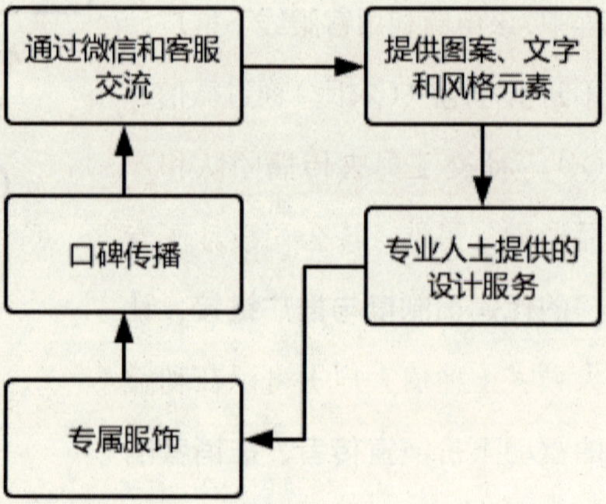

图 1-3　个性化产品流程

“七格格”女装品牌电商，在新品上市之前，会将设计好的款式放到其管理的粉丝群组中，让用户进行讨论。讨论过程满足了粉丝的社交愿望、自我表现愿望和成就感愿望，团队自然获得了比传统电商更大的收益。

1.3.3　沟通具备传播价值

缺乏用户思维的营销沟通，其主要表现方式是利用直接的商业传播，试图引起目标受众的注意。然而，在移动互联时代，这种营销沟通思路急需调整，应当改为被用户思维所主导。团队需要围绕用户群体，打造出真正充满传播能力的口碑。

1. 广告病毒化

团队应该让广告具有充分的趣味性、价值性，包括凸显令人尴尬的雷点，才能激发用户传播广告的兴趣。如马应龙痔疮膏视频广告《屁股欢乐颂》，从画面、音乐到文字、创意，几乎可以称之为“天雷滚滚”，但恰恰是这种雷，才促使其在社交工具中被不断分享和传播。

2. 促销社交化

最典型的案例是电商利用“抢红包”的方式，吸引顾客主动在微信中阅读营销文案。这种方式能够以最小的成本达成推广产品特性的目的，结合休闲娱乐的群体社交心态，让促销变得更为“柔和”。

3. 交易亲密化

在移动互联网平台上，电商交易行为同朋友联系行为的差异有必要模糊化：客服可以用网络语言主动交流，建立和顾客之间的亲切感、认同感；团队宣传可以深入顾客个人生活际遇，促使他们愿意直接参与和体验。

1.4
移动社交电商营销之免费思维

“免费”，已经成为电商的重要商业逻辑。表面上的“免费”，其内在却包含着种种能够充分发挥创意的盈利手段。可以预见的是，善于运用免费思维的移动社交电商团队，将在新的竞争态势下游刃有余，获得更多崭露头角的空间。

所谓免费思维，是指电商利用某一部分产品或服务的免费特点，向用户提供他们难以拒绝的价值。当大量用户被如此模式所吸引之后，团队或者通过营销成本的节约或者通过广告、数据、产品的变现来盈利。

电商不可能向顾客提供免费的午餐，这种想法也成为制约免费思维的瓶颈。然而，移动社交电商必须要明确，**互联网的普世价值恰恰在于免费特色、壁垒消除和差别减小，如果缺乏免费思维，团队将和传统营销思维主导下的竞争者无异。**因此，免费只是一种营销模式，最终依然是为盈利服务。

使用免费思维，可以利用下面这些不同技巧的组合：

1.4.1 基础免费、附加收费

产品或服务的基础内容向顾客免费，而在高品质、个性化等方面，团队进行收费。

一家专门做精品咖啡豆的电商将免费思维发挥到极致：该电商每个月定期

抽取会员中的幸运者，赠送50g咖啡粉，每一位顾客成本只需要数十元。当培养起一定数量会员对产品的兴趣后，该商家会通过客服向上述会员介绍500g容量的袋装咖啡豆，其销售盈利不仅覆盖了咖啡粉的成本，而且提升了业绩。

1.4.2 服务免费，渠道收费

一家厨具电商向顾客提供免费的家庭厨房咨询服务，但接受咨询之前，必须要下载其App软件、关注其公众号，这样，越来越多的人因为“免费”的吸引，被导入营销渠道，为团队带来了巨大流量。此后，该电商还从App为其他产品所做的广告中获得了收益。

1.4.3 前期免费、后续收费

某线上培训电商，在其App上向用户发布免费听课券，但只有十分钟试听机会，一旦十分钟消费完毕，用户可以选择是否继续听下去，并决定是否付费。这种免费营销模式通常更适合已经有了一定用户基础的企业。

1.4.4 个体收费，转介免费

对单一顾客的消费行为进行收费，当其介绍新顾客前来之后，再以返还形式提供免费利益。这样，顾客会为了获得免费的机会，增大转介强度。如某线上摄影设计和冲印机构，对新顾客进行收费后，引导他们将样片共享到朋友圈，一旦能够因此吸引朋友前来消费，则予以现金返还。这种方法主要适合于能够多次消费的产品或服务。

1.5
移动社交电商营销之大数据思维

在团队占据移动互联网营销阵地的过程中，从推广渠道的控制与优化，到内部管理运营的成本计算，都应设法获得充分优势。其中，对用户数据进行充分积累和挖掘，能够帮助电商团队洞察先机、设计产品、迎合用户，而这正是大数据思维崭露头角的机会。

一家从实体连锁门店发展到移动互联网领域的家具店，就从大数据思维中找到了自身优势。在实体店面经营阶段，该商户难以具体分析转化率，只能通过一段时间的经营之后，从“坪效”等维度进行最终效益的分析。但在向移动电商运营转型过程中，该团队确定以转化率作为衡量经营状况的指标，他们将每天成交订单数额和企业微信公众号、天猫店铺的日均访问总人数进行比较，一旦转化率发生迅速变化，即寻找原因并加以应对。该团队通过这种大数据思维的具体应用，明确了对移动互联网营销业务的管理评价指标。

另一家儿童玩具企业则用类似方法寻找到了控制营销成本的方式。该企业主要销售电动玩具，并需要使用特殊型号充电器。之前，凡是购买产品的顾客都能得到充电器，但因此导致成本上升。在推出 App 之后，该企业认真分析了消费数据，一对一为顾客服务：对于老顾客，不再附赠充电器，而是改为更加符合其需求的其他优惠。这样，服务得到用户的更大好评，品牌价值进一步升级，成本也同时得到有效下降。

上述案例说明，仅仅了解“看数据”的重要性，还只是移动电商的初级思维阶段，只有懂得在拿到数据之后如何去加以运用，才能体现出其本身应有的威力。

1.5.1 产品历史数据

大数据思维的发挥，离不开对历史数据规律的发现。电商应总结自身促销活动数据，分析其重点，主要包括不同品类的销售情况、销售量最大的品类、销售量最小的品类、每周或每月的平均增长率和复合增长率等，如图 1-4 所示。

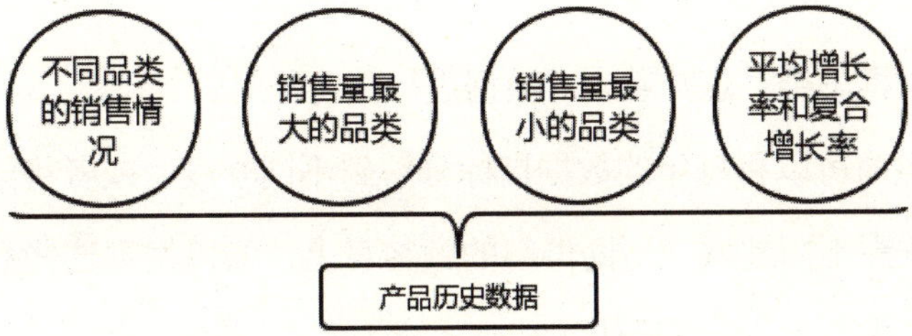

图 1-4 善于利用产品的历史数据

通过对这些指标的分析，可以从历史业绩表现中清楚了解产品差别，确定怎样的品类适合做促销活动。

1.5.2 用户互动数据

在电商和用户的互动中，同样也会产生大量数据。

以某团体官方社区为例，需要注意的数据包括总注册用户数、每日登录用户数、每日新用户注册数等，其他需要更加细致关注的还有每天老用户登录数、每天被回复最多的帖子数等。通过仔细解读这些用户互动数据间的联系，电商能够找到互动过程中的问题，并提升其效率。

1.5.3 提前预测

电商可以通过大数据分析，及时发现其中规律，以数据监控和提前预测来驱动产品营销。举例来说，当电商掌握了近年来每月不同产品品类的销售增长率时，就能在一定程度上预测未来每个月的营销增长情况。

1.5.4 分解数据

利用大数据思维，意味着应对数据进行正确分解。

例如，电商可以将每年的数据指标分解到不同季度，或者将同一个产品的营销数据拆分到不同地域、不同群组的顾客身上，借以发现这些数据产生的原因具体来自哪些方面，为何形成增高或降低的现象。

当然，对数据的分解，还需要结合产品或服务本身的特点，电商尤其要了解不同用户群体的行为特征，这样才能准确地分解数据。

1.6 移动社交电商营销之社交思维

当下，越来越多的电商团队都对营销推广的路线格外重视：从招商活动、代言活动，到互联网广告、传统媒体广告，再到种种舆论公关、事件营销……在这些环节中，团队的投入有增无减，但在代理层、消费终端的表现上，却并没有得到迅速而明显的回报，无奈的事实，让不少电商经营者感到困惑。

实际上，移动社交电商营销，除了需要传统套路经验外，更不能离开社交思维。如果团队只是将社交营销看做尝试性的资源投入，仅仅在决策层面形成任务，然后向基层员工进行摊派，那么即便团队的官方公众号有众多关注者、官方微博每天都更新、网络活动做得红红火火，也很难产生社交思维所带来的流量裂变和消费爆发。

必须意识到，目前的电商之所以需要社交思维，是成熟的市场和社会规律共同作用的结果。移动互联网打破了旧有的交流体系，信息不对称局面已经告终，企业品牌、代理商、代言人、潜在消费群体和老顾客之间，能够形成有效、公开而平等的对话。这种事实，“逼迫”企业改变思维，而不少中小企业也恰恰是这样做大的。

例如，韩束原本是一家以面膜销售为核心的中小企业品牌，由于能够深入扎根社群运营代理，以社交思维主导，从小组分发到代理社群，最终发展成为电商面膜行业的巨头。

成功的电商社交思维，主要包括下面几点：

1.6.1 尊重用户社交规则

不少团队习惯于将大同小异的文字、图片向下分派，作为每个营销层级在微信、微博和论坛上分享的内容，但仔细观察，这些内容更容易沦为形式上的深入、实质上的复制粘贴。其实，移动社交电商同传统电商最大的区别，还在于对生产、营销过程进行具体的人格绑定。

大工业时代的广告策略，更倾向于在单个强大的广告媒介上进行投放，以便直接、最大范围地覆盖用户群。可以说，这种广告策略并不必然和营销者人格进行捆绑，只是和团队品牌相联系。

但是，在移动互联网上，广告应该尽可能**围绕具体的人作为原点，选择多维度、多渠道的不同场景，通过自媒体、用户自发传播、二次营销、代理营销等方式，激发个体之间社交流量的形成和扩大，让产品和用户身边真实可信的“人”联系起来**，从而避免违背用户的社交规则，如图 1-5 所示。

1.6.2 社交营销模式

电商社交思维的运营，主要可以分为下面三大模式。

1. 粉丝营销模式

电商利用自身形成的社交网络知名度，在朋友圈、微博或者其他社交公众账号上建立粉丝群，销售产品。

如**团队可以通过签约或炒作，拥有能够为产品代言的名人，再利用其个人魅力进行宣传、吸引粉丝，并在互联网上销售产品**。目前，一些明星、网红通过其在娱乐圈的影响力在网络上销售产品，只要拥有足够的粉丝数量，就能获得不错的营销收益，并不需要多少专业商品知识。

不过，粉丝营销模式需要打造团队或代理商的知名度，这不仅需要金钱的投入，还要有内容的生产、时间的积累。

2. 朋友圈经营模式

利用微信朋友圈或者微博群组等方式，进行社交团队打造，利用团队所形成的人员数量优势，在广大范围内进行社交化集体广告轰炸，从而帮助企业产品迅速炒作名气。在这种营销思维下，多个代理信息、产品体验内容同时出击，不断出现在用户私人的生活圈子中，促使他们感觉到产品的特性，意识到消费的火爆。

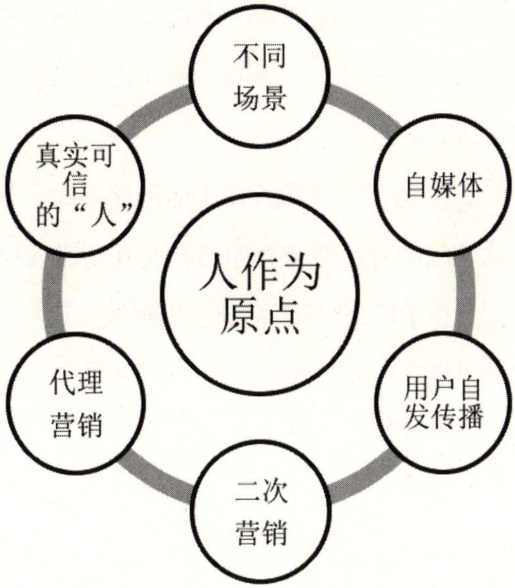

图 1-5　尊重用户社交规则，要以人作为原点

另外，由于社交团队化的作用，从业者既可以是消费者，也可以是传播者，其充分的共同语言会促使他们相互打气支持，拥有强烈的组织氛围，所有人都会为了产品销售和品牌维护而共同协作。

这种以朋友圈为主的社交思维，更适合团队推出的新产品或新成立的电商团队，尤其适合那些还没有在线下展开销售的品牌。如果能够首先利用集体社交模式来为品牌造势，就可以促进口碑营销，最快实现品牌宣传。

3. 品牌社交模式

与上述思路不同，当企业产品形成一定品牌知名度和信誉度后，可以利用互联网平台，以品牌效应进行社交化的营销。这种模式的最大特点在于当消费者有实际需求时，品牌能以多样化的包装内容，伴随社交行为出现，来方便消费者达成购买。

良品铺子的成功就在于运用该模式，其在线下已有相当庞大的门店体系，因此该品牌有足够潜力伴随社交互动进入移动网络，这种营销方式形成了有力的工具和手段，将线下资源引导到线上，进一步强化了产品在用户意识中的定位，刺激用户产生消费冲动。

1.7 移动社交电商营销之口碑思维

一直以来，商业品牌扩张所追求的最高境界，在于“口口相传”和“有口皆碑”。正如营销界的经典名言：“一个好的口碑，能够带来八次以上的延伸销售；一个坏的口碑，则会导致二十个老顾客的流失。”电商同样应该注重对团队互联网声誉的管理，拥有良好的口碑思维。

然而，旧有的口碑思维并不全然符合今天的移动社交电商。传统口碑思维中，品牌主要通过亲友熟人的口号相传进行扩张，传播速度慢，信息衰减多，而在移动互联网上，**品牌投入则可以采用“以小博大”的方式，凸显口碑价值，其效果往往远超其他硬性广告传播方式。**

电商需要认识的是，移动互联网上的口碑传播，能够深入利用人际关系最核心的部分：那些建立了网络社交关系的用户之间，原本就存在或多或少的情感联系，相对于建立在陌生人营销角度的促销、广告和推荐来说（无论是线下还是线上），其可信度更高、效率也更高。同时，由于不同的消费群体内部存在共同观点、相近喜好，无形中组成了一个个小团体，只要影响了团体中的一个人，就容易带动一批精准用户。

2015 年，故宫营销部门走上移动社交营销路线，并充分拓展和利用了口碑营销思维。为了打造在用户群体中能病毒式传播推广的口碑，故宫不仅在产品设计层面上紧跟互联网的热点、萌点，推广文案风格也变得越发夺人眼球。

2015年年初，为了推荐一款骨瓷杯子，微信公众号“故宫淘宝”推出文章《她比四爷还忙》，阅读量达到 100000+。随后，又推出了相对之前更加精美实用的 App《每日故宫》，该 App 每天展出一件故宫藏品，既可以用来给用户收藏，也能够放在朋友圈、微博进行分享。同时，故宫还推出了一系列的动图、表情包等内容，配合上搞笑解说词，产生了活力十足的产品形象。

通过这一套从产品到营销的策略，故宫真正获得了移动互联网时代的“口碑”，在俘获受众眼球的同时，也得到了诸多用户的订单。

想要学习其口碑思维，移动电商团队可以从如下几个方面着手：

1.7.1 策划引爆点

成功形成口碑效应，最初的步骤不是去找渠道，而是要策划好口碑引爆点。只有点燃用户关注兴趣，他们才会有意愿将整件事通过互联网和线下行为告诉其他人，这样，口碑传播才有可能。

引爆点的内容是多种多样的，但始终要围绕一般用户最重视、最想满足的需求进行。

如互联网用户从故宫展品那里不仅想得到古典文化熏陶，还希望得到趣味性、时尚性的娱乐感。又如不少品牌最初在社交网络走红，其引爆点就是来自于其产品的奇特使用方法、“脑洞大开”的宣传内容等。

1.7.2 策动可沟通的话题

在引爆点中，要事先埋伏下值得人们讨论的话题。这是因为口碑的形成不仅在于有最初的关注，还在于有讨论的空间和价值。当用户真正围绕话题讨论时，才会形成口口相传的良好局面。

需要提醒的是，可以设置的话题不仅应包括产品质量的性能特色，还应包括与众不同的服务水准、不一样的团队文化，甚至是消费者表现出的“狂热”粉丝现象等。这样，更多原本对品牌陌生的人才会情不自禁地参与到讨论中。

1.7.3 选择口碑传播渠道

传播渠道选择是口碑思维中不可或缺的重要因素。如果没有选择正确传播渠道，口碑塑造的效果就会大打折扣。电商应全面认识产品属性和目标用户群体内的联系纽带，对传播渠道加以选择。

例如，一家经营健身器材的电商，并没有选择朋友圈或微博这些看似热门的渠道，而是和某跑步健身训练 App 合作，成功地在健身群体中建立起强大的口碑，这也说明了渠道选择的重要性。

1.7.4 监控口碑传播

将口碑思维贯穿到营销工作中，应确保对传播效果进行有效监控。在企业实践中，口碑营销往往配合其他多种营销手段，因此其监控策略必须要围绕渠道特点加以制定。

例如，某企业通过论坛进行口碑塑造，就要对发帖量、点击量、转载量和分享数量加以监测。如果是通过微信进行，则监测目标主要包括分享和查看数量等。另外，除了最基本的数据检测之外，还应该对传播过程加以有效管控，以便引导在塑造品牌过程中的互联网舆论，避免偶然因素所导致的负面信息传播。

1.8 移动社交电商营销之痛点思维

什么是痛点思维？这种思维中的“痛”，来自于对用户感受的充分理解，他们在接受原有产品或服务时所产生的不满与痛苦，应该能真正触动团队营销者的心灵。如果移动电商充分认识到这一点，就会更进一步提升营销效果，而面向顾客推出新价值时，会很快转化成为一份份订单。

更进一步认识，**用户现有痛点可以分为两种：一种是明显的痛点，即渴望有新产品或服务帮助他们解决已有困难；另一种是不明显的痛点，即用户习惯**

了现有状态，他们需要认识新的消费方案，得到更好体验。

无论其中哪一种，都需要电商认真钻研思考，去发现并消除用户体验中的所有痛点。当这种思维落实并进入营销实践后，需要解决下列问题：

1.8.1 发现痛点

一家通过微信朋友圈做比萨外卖的本地电商，希望通过调查了解顾客的最大痛点，究竟是比萨饼的味道还是凉、热，又或者是送到的速度……在有效调查结束之后他们发现，城区的顾客更在乎口感和性价比，而较远的顾客则对速度比较担心。为此，他们开始针对不同类型顾客发布不同服务承诺，取得了不错的营销效果。

这家电商营销思维的巧妙之处，在于他们分析出了不同用户的痛点，并给出了不同的解决办法。

想要了解顾客痛点，必须准确调查，应该放在调查内容中的四个问题，如图 1-6 所示：

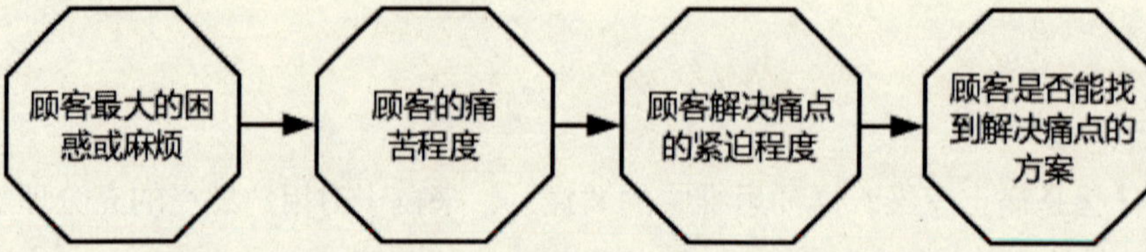

图 1-6　准确的客户痛点调查

1. 顾客最大的困惑或麻烦

目前，用户最主要的痛点包括价格痛点、质量痛点和个人情感痛点。

2. 顾客的痛苦程度

这个问题应该在电商营销早期就设法提出并寻求解答，这样，团队才能挑选出那些高强度的痛点加以应对。

3. 顾客解决痛点的紧迫程度

痛点紧迫程度直接影响到营销的优先次序，如果紧迫程度较高，就应该迎合顾客需要及时解决，而其他痛点则可以适当延后。

4. 顾客是否能找到解决痛点的方案

通常而言，顾客大多难以自行寻找方案，有经验的移动电商能创造性地对这种困境进行分析，确保他们相信选择眼前方案才是最优的消费行为。

例如，一家销售家用电器的电商，在其官方论坛上发起了“投影仪太重有啥麻烦”的讨论，众多网友参与讨论之后，营销人员作出回复，进一步强调顾客痛点，并宣布推出新产品，新产品的图片甚至并没有占据内容主体，仅仅是给出了其重量参数，就赢得了大批用户的欢迎。

1.8.2 凸显对比

没有必要向顾客单纯进行“我们是一家优秀的 ×× 团队”的营销宣传，类似的内容表达并没有任何对比性，也就无法满足顾客的社交诉求。如果将之改为“我们是你手机里的 ×× 专家”，就能够在最短时间内让潜在消费群体记住区别，并将之和解决痛苦的期盼联系起来。

换而言之，应该定义产品或服务的独特性，即在社交营销中突出产品的与众不同。

例如，一家水晶饰品店的营销内容是“我们有造型最萌的吊坠”“我们有最小的水晶贴片供您DIY”等，这比那些单纯强调水晶工艺性的推广内容好得多。

1.8.3 证明价值

即便电商通过诊断和对比，已经完成了痛点营销的前期基础，但顾客依然有很大可能停留在旧有禁锢中，无法主动接受产品。此时，团队需要用具体证据向他们证明痛苦如何解决。

1. 要让顾客意识到，所获取价值大于其投入

例如，“这款护臀膏才30元，就治好了宝宝的湿疹！”这样的朋友圈营销内容，比单纯的“向大家推荐一款好用的护臀膏”要好得多。

2. 用老顾客故事来证明收益

“他购买了我们店的土特产送给上司老母亲，获得了格外的青睐”，这种故事是对顾客收益最可信的验证。不过，应该选择向需求比较接近的顾客发布来加大影响。

3. 用数据解决痛点

“这款润滑油产品，能让你每天节省0.5元油费，一年将会节省多少呢？”类似的营销手法会让顾客在心里计算，最终发现并解决内心所产生的需求。

1.9 移动社交电商营销之跨界思维

电商团队想要生存与发展，必须对成本着力控制。在降低成本、提高效率的过程中，联合其他团队、开发新产品组合，是一种有效的“抱团取暖”。从实践来看，这样做并非寻求遥不可及的支撑，而是选择地位对等的合作伙伴跨界，即便有风险，但更可能带来充分的机会。

跨界思维的形成，需要团队领导层力避以下错误态度：一种是抱残守缺，不愿突破现有营销模式和产品范围，即便拥有良好资源也只能浪费；另一种是随意出走，跨界营销合作过于轻率，总是在闭着眼睛前进。

来看看成功的团队是如何进行跨界营销的：

在2015年7月末的ChinaJoy会展期间，滴滴出行和腾讯游戏“全民突击”进行了一次跨界营销，他们将游戏角色、枪战元素和滴滴专车进行紧密结合，推出了悍马、坦克等专属酷炫豪车进行展示，迎合了年轻消费人群对时尚科技和出行便捷的追求与喜好。此外，滴滴出行还在全国十大城市开启了坦克接驾活动，其中更有“邂逅铁血硬汉”“美女佣兵”等噱头十足的内容。

通过将出行和游戏两种服务进行跨界营销，腾讯在移动互联网领域充分扩大自身影响力，同时提高了旗下不同产品的知名度和品牌形象。

跨界思维并非追求流行，而是遵从颠覆性创新原则，即在行业之外边缘进行营销创新。电商应该跳出思维定式来看团队，对产品、技术、管理组织、推广模式等方面的提升空间进行全面思考、观察。

通常而言，跨界思维的成功可以从如下方面入手：

1.9.1 产品组合

在移动社交网络上，将看似并没有直接关系的产品进行捆绑营销，其方法重点在于打造不同寻常的体验情境，并以情境展示产品功能，给用户留下深刻印象。

例如，将图书和咖啡放在同一组朋友圈照片中、在论坛里推销组合式家具和轻便运动自行车、在QQ群里同时展示婴儿餐具和美容护肤用品等。事实上，这些产品原本并没有实际联系，但却很可能出现在同一种人群的生活中，看似跨界，实则是新的融合。

1.9.2 消费群体共享

与跨行业而没有实际竞争关系的团队进行线上线下合作，以便共享消费群体。

某少儿游学电商通过和金融机构的线上线下合作，为其客户提供免费少儿教育咨询活动，进一步扩大影响，形成粉丝群体，得到了较高的转化率。实际上，这正是抓住用户人群相互覆盖的优势，主动向其他有关联的行业跨界，得到坚实的营销基础的。

1.9.3 营销渠道共享

移动电商还应利用精准的判断能力，将营销渠道在跨界的基础上进行有效共享，这需要抓住下面几个重要条件。

1. 新产品和原有业务共享

当电商团队推出新产品、进入新领域的时候，首先要做的并不一定是寻求新渠道、花费更大资源，而是向原渠道跨界。

通过充分利用原有的核心渠道，包括粉丝社群、自媒体或者公共网络资源，将原有目的用户群体作为新的市场目标加以影响和发展，如图 1-7 所示。如某移动电商保险中介机构，在推出理财产品之后，依旧利用原来的 App，这就是典型的自我内部跨界。

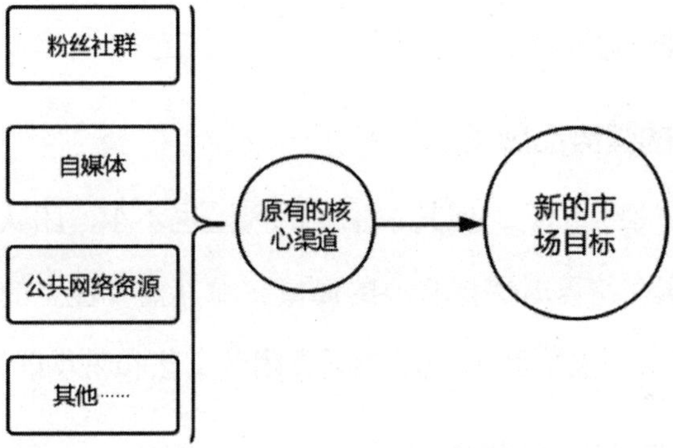

图 1-7　善于利用原有的核心渠道开拓市场

2. 品牌理念一致原则

品牌是消费文化的载体，体现不同消费群体的内在特征。当团队选择新渠道进行共享时，必须先对其中消费群体的理念进行调查，确定消费群体对品牌的期待内涵和团队理念存在的交集点。通过扩大交集点，让理念获得共鸣，才能在跨界营销事实过程中产生由原有品牌联想到新品牌的作用，进而实现紧密关联。

3. 资源对等原则

电商跨界营销，应找到在品牌、实力、能力、战略和市场方面具有充分共性并对等的团队，这样才能发挥协同效应。

对等与否，应用数字进行直接衡量，例如，转化率、粉丝数量、会员数量、团队产品覆盖地域等。在跨界之前，充分调研跨界合作目标，这样才能真正进行优势转移。

1.9.4 规避跨界风险

跨界实践中，出现风险的可能往往比其他营销方式更大，为此，团队领导者需要做好以下准备。

1. 保持原有的强势品牌

跨界能够带来很大机会，但其中隐藏的风险也不小。团队即便原有的业务发展得很好，也应在跨界时保持必要的谨慎。尤其需要注意的是，不能因为渠道跨界而导致原有主业被荒废，更不能丢弃团队文化和粉丝群体。

2. 渠道跨界应该选择好时期

当电商团队步入成熟期时，通常是渠道跨界的最佳时刻，例如，当电商团队发现自己原有的核心业务增长速度有所放缓时，就要积极进行新产品的打造，并将精力和成本投入渠道跨界上。

3. 渠道跨界需要有充分的人才储备，同时也要对团队内部架构进行调整

电商团队和传统企业一样，在发展中也会形成自身的管理架构和成功经验。但在渠道跨界之后，原有的人才队伍和人才将很可能无法适应需要，团队应提前引入新的营销人才，否则将有可能带来巨大的潜在风险。

1.10 移动社交电商营销之整合思维

整合营销，意味着团队将不同独立营销领域的种种因素加以综合，形成整体，从而产生协同效应。

移动电商时代的**整合营销，意味着对不同营销工具和手段加以系统化结合，根据具体任务、环境进行即时修正，通过精心策划，形成信息系统传播，从而实现产品价值的增长。**这样的思维是移动电商从生存走向发展、从成长走向优秀、从领先走向卓越所不可或缺的因素。

来看一个普通商户的整合营销实践：

某普通电商，主打产品是一款减肥奶昔，目标群体是整个城市高档小区中有需求的女性客户。经过策划，该商户在本地论坛和 QQ 群进行发展，积累了一批兼职营销人员。培训之后，商户为他们建立了指导性营销策略：选择 30 分钟以内能抵达区域的客户，而获得这些客户的方法，一是通过微信吸引粉丝，二是线下针对目标客户具体发放实际广告传单。

由于事先进行培训，淘汰了一批条件不适合的营销人员。因此，在普通情况下，一个营销人员在一个半月内就能吸引 900 多个精准客户，再通过个人朋友圈直播减肥产品使用前后的对比图，以及经过客户同意之后的晒照和分享，促使周边更多的潜在客户感觉真实。一旦有顾客在微信上咨询，同时能够判断其购买意向较强，营销人员就直接进行预约和上门沟通，这是因为上门沟通的成交率远远超过线上沟通。

通过这样的方式，兼职营销人员充分利用各自线上和线下资源，拿到的提成越来越多，并形成了不同的个人口碑，整体营销效果越来越好。

观察这个案例可以发现，该商户并没有一味追求做大线上，他们既没有找微博大V也没有通过微信公众大号去营销，而是抓住超过客户预期的购物体验，以半小时送货的特色、真实可信的产品效果为核心，来整合所有资源，从而实现了营销的成功。

想要发挥好整合思维的作用，电商必须在营销中抓住以下执行原则：

1.10.1 消费者处于核心地位

首先对潜在顾客进行深入全面的观察和了解，培养团队从上而下的“消费者核心”观念。

1.10.2 传播一致信息

无论采取何种推广或引流渠道，也无论是线上还是线下，其产品、服务的信息一定要统一、清楚、明确。

在不同的传播渠道中，必须保持“最后一公里”上的一致性，即用户无论是在线上还是在线下，无论是通过QQ还是微信，所能接触到的产品形象都是完全相同的。这种带有重复的一致性，可以有效加深他们的印象和记忆，也有利于增强好感，令他们认为产品品牌是值得信任的。

为此，团队应该对品牌进行分析，找到其中所有利于统一表达的细节元素，并加以细心记录、阐述和培训，确保在传播终端不会失去其焦点，从而保持应有的一致性。

1.10.3 突破原有传播手段

无论线上线下，凡是能够将产品、品牌和市场希望知道的信息进行传播的过程，都可以被看做能够利用的传播载体与渠道。

团队要对每个传播渠道进行深入了解，包括使用情况、平台风格、人群特点、是否符合团队提升品牌营销的目标等。虽然每种渠道都有各自的优缺点，但一般情况下，可以通过多种渠道进行整合运营。

1.10.4 系统化管理

结合团队选择的营销方式，整体配置资源，包括团队中不同层次、部门和岗位，以及总公司、分公司、产品供应商、零售渠道以及相关合作伙伴等，围绕相同的营销理念进行协调行动，打造竞争优势。

1.11 移动社交电商营销之焦点思维

互联网时代，信息庞杂，资源众多，然而天猫、京东类的企业，毕竟只有寥寥数家，在今天，即便将自身定位为平台电商，想要成功，也需要走专注、垂直的道路。这一点，正如乔布斯所说："专注和简单是我的梵咒。简单比复杂更难，你必须更努力工作来使你的思想干净、简单，但这是值得的，因为一旦你做到了，你就可以移山了。"

在移动领域，电商创业并不总是要做加法，更要学会做减法。如果消费者无法明确团队品牌的焦点性优势和战略方向，就无法拿出对应的耐心和精力来了解，更不会在社交中传播，这样，团队成长前景也就会沦为未知数。

抓住焦点，意味着团队要精心打造好产品的焦点、消费群体的焦点。从广州食尚国味集团的移动电商之路上，能清晰地展现出这一必然趋势。

该集团拥有十余万位生活会员卡顾客，并利用后台对会员进行分类移动社交营销。某次，一家来自山东的白酒供应商希望能够进入广州市场，其产品质量、口味都很出色，但用传统的营销方法在互联网上并没有引起多少注意，整整半年时间也就只是销售了十几箱白酒，供应商想要放弃市场。随后，食尚国味集团通过微生活会员卡为其进行了移动社交营销，他们专门将半年之内单笔消费达 1500 元的客户筛选出来，然后为他们单独推送了一则消息，内容为："尊敬的 VIP 客户，鉴于您半年内对我们企业的大力支持，食尚为了回馈您的支持力度，当您下次来消费的时候，免费赠送 ×× 白酒一瓶。"事实上，这些客户一旦前来消费，就不可能只喝一瓶白酒，三个月内，产品销售达到 60 箱，供应商和食尚国味皆大欢喜。

相反案例在焦点思维的运作实践中也不少见。一家做宠物用品的移动电商，在拿到投资后，将市场定义太广，迅速上架几百个品类，但很快发现，大部分东西难以销售而成为库存。后来该店痛定思痛，对市场进行了详细、精准的分析，将品类压缩后，只销售搜索量和查询量最多的产品，并随时围绕这些产品去关注竞争对手的价格趋势，始终确保以稍低的价格出售产品。随后，该企业库存减少、周转率提高，员工的工作效率也得以提高，业绩不断上升。

这些案例说明，焦点思维，其实就是电商对自身定位的明确。尤其是对于创业之初的移动电商来说，下面这些原则更需要予以把握：

1.11.1　不要大而全

即便拿到投资，也不要做大而全的产品系列，移动电商需要尽量聚焦精力，做某个大行业中的细分品类，或者为某些特殊用户群体提供服务。

例如，健康用品中的低糖产品、婴儿乳粉中的抗敏奶粉、坚果食品中的绿色坚果、护肤品中的精油面膜等，这些产品往往在移动电商领域做得很成功。

1.11.2　专注行业链

做好焦点，需要深入产品供应链进行调查了解，对同一品类中的产品要充分了解，比对每一家供应商的区别，进行有效谈判，从而降低采购成本。当电商成长起来之后，还可以找传统工厂进行战略合作，甚至可以考虑进行投资入股，从而确保合作双方能够相互带动。

1.11.3　塑造单品

最开始不要急于扩大产品系列，而是应打造好单品质量。这意味着团队不但要建立完善的品牌形象，还要为之注入良好、全面的内涵和故事，并以此打动消费者的心智。

1.11.4 抓住渠道重点

虽然要注重渠道拓展，但不要在每个渠道都投入同样的精力。与此相反，企业必须在每个阶段抓住不同的渠道。

另一方面，每个渠道所推广的特色应该集中，让顾客轻而易举地从不同渠道中发现产品相同的技术和性能特点。

例如，一家能够在线进行家居饰品定制的电商，通过QQ、微博和微信等多个社交工具将客流量引导到其网站中，每个社交工具宣传的重点都是其独特在线定制的体验。这样，全渠道营销推广成为了有重点的“狂轰滥炸”，并由此带来了成功。

1.11.5 特定人群

要针对特定人群来进行营销，而不是借宣传和低价去进行无目标的“圈粉”，否则即便产品在一时间销售火爆，也会在短期内就黯淡下去。

实际上，电商最初的焦点消费人群就是团队的员工，每个员工都可以看做种子用户，他们既了解产品，也能成为最好的口碑制造者和传播者。如果团队在能促使他们投入工作之外，还能够博取他们的真正好感，那就把握住了营销的最初节奏。

可以向员工发放产品进行打分、试用，针对员工的家庭角色、社会关系来给予优惠，业绩达标后奖励现金和产品等……只有员工首先体验到了产品和服务的价值，他们才会将自身的被重视感延伸到客户身上。

1.12 移动社交电商营销之娱乐思维

互联网创业团队层出不穷，不同层面的竞争越发紧张、激烈。与此同时，由于生活节奏加快、智能设备普及等，消费者越来越习惯于碎片化思考和记忆方式，他们只能记住行业同类品牌中能带来最有趣体验、最有意思感受的那个。

为此，**在移动互联网时代，团队要敢于做挑战原有规则的领头羊，要能够打破消费群体乃至社会大众的思维定式，用游戏式的创新变革，突破并刷新行业赋予自身的形象桎梏。**

一家为二手产品交易提供中介的电商，学习了美国 Priceline 公司的“自助定价系统”，打造了有着新奇、有趣体验的交易平台。该平台允许用户在网上自行标出想要购买的产品和对应价格，随后再由该企业搜索愿意接受该报价的用户，并最终促成成交。这样的交易形式既能带来社交乐趣，又充满相互之间砍价的乐趣，还能让消费者以较低价格拿到心仪产品，并确保成交率，受到了全面的欢迎。

另一家美国电商 Little Black Bag 则采取了下面的游戏营销方式：

首先，邀请用户参加网站的调查，并建立用户喜好和需要的大数据库。其次，用户可以选择订购“虚拟小黑袋”，价值为 49.95 美元或者 59.95 美元，袋子中装有 3 件物品，其中一件会立刻展示，另外两件则要在下单之后才能看到。

如果用户确认消费，就能马上下订单，再由公司发货，而如果用户下单以后不喜欢展示出的产品，则可以和其他用户交换，又或者跳过支付环节拒绝订单。

正是这样的营销模式，使用户自然而然产生了强烈的好奇心，并因此愿意参与到游戏中。

常见的娱乐营销思维，主要包括下面四大步骤，如图 1-8 所示：

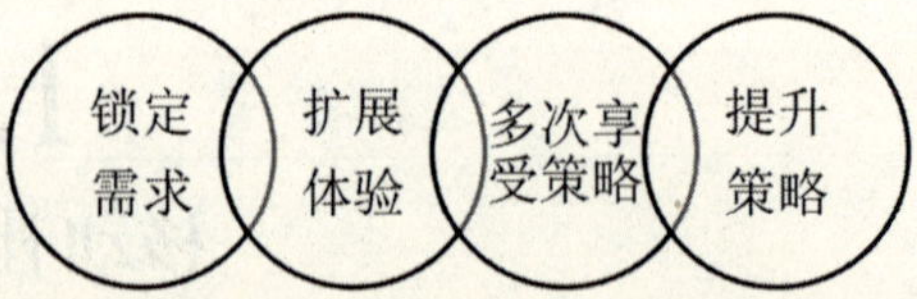

图 1-8　娱乐营销思维的四大步骤

1.12.1　锁定需求

首先对客户群体进行精准定义，并根据他们在情感上的需求、愉悦的追求、好奇心的满足等方面进行锁定，进行情感定位、活动设计，满足他们对快乐和成功的期望。

例如，年轻用户希望自己的形象酷、有个性、有才华，中年用户希望家庭幸福、身体健康、延缓衰老等。

1.12.2　扩展体验

根据用户现有经验，开发出具有关联性的产品或服务，给顾客创造更多机会，在消费中享受更多不同的体验。

例如，有电商销售的是儿童监护器材，但还附送给顾客儿童餐具、玩偶、床单等，让顾客有机会和孩子共度更好的时光，这种体验是附加的快乐，显然会强化顾客的购买欲望。

1.12.3 多次享受策略

在消费和服务过程中，为顾客提供他们希望反复享受的娱乐，促使他们对产品有新的期待。

一家电商出售的产品为无人机，为了激活顾客的多次享受体验，他们定期通过微信、QQ 群召集举办无人机摄影大赛，由用户上传作品，并进行评比和颁奖。由于次数多、频率高，参与者享受到的乐趣不仅包括获奖，还在于相互夸赞、批评和吐槽，这让该电商在爱好人群中赢得了大量忠诚粉丝。

1.12.4 提升策略

顾客购买了产品和服务之后，团队可以继续投入成本，让用户得到相关但属于附加值的乐趣。

某移动电商为顾客提供上门厨师服务，当顾客消费次数达到阶段性数量之后，就能用低价享受与厨师共同到来的派对布置、乐师服务等，在节假日、生日庆祝场合，这种增值服务更是大受欢迎。

Part 2
移动社交电商营销模式篇

2.1 口碑营销模式：抓住口碑就抓住了流量

流量，是电商必须抓住的资源。但流量并不是一个个简单的数字，其背后更是活生生的人。与过去相比，企业面对巨大的用户群体，不应该也不需要永远占据绝对主动位置，相反，承认消费者拥有的发言权，才是明智之举。

因此，无论团队采用什么样的推广方式，都应该迎合消费者本身的需求，以双向平等互动为基础，进行口碑营销。

2014 年，销售可穿戴智能设备的电商开始崛起，越来越多的智能设备信息开始在微博、微信上被转发。一家电商抓住电影《失孤》的热映时机，首先在公众号和微博上发布了新款智能儿童手环产品，并讲解了其价值、用法。由于图片清楚完整、文字介绍独特，几乎没有做什么特别传播，就凭借其本身特质形成了传播效应，为这家企业带来了最初的顾客群。

在接下来的营销过程中，除了微博和微信的强社交舆论渠道，该团队全面利用了论坛、百度百科、百度文库、新闻媒体、问答等公共渠道：论坛上的发布，为产品带来了较高人气，并通过网友讨论让更多人关注；百科词条的创建，则增强了口碑传播的底气，提高了信任度；文库发布，带给该团队有效的外链投放，有利于口碑传播过程中用户群体对关键字的搜索；传统新闻媒体的配合转载，形成了更大的线下口碑基础；百度知道问答，则增强了用户在传播口碑之前的真实体验。

由于口碑渠道全面拓展，企业利用最初顾客群获得了更大规模的传播范围，并由此将产品声誉提升到了新的台阶。

移动电商时代的成功，离不开口碑的形成和建立，想要做好口碑营销模式，团队需要抓住下面几个环节。

2.1.1 “制造”谈论者

无论如何，要有人开始谈论产品和品牌，才会有口碑模式。案例中微信和微博中的初始顾客就是谈论者，他们会因为个人爱好兴趣而传播产品信息。

谈论者属于市场中的普通消费群体，但他们通常应具备更强的影响力，能够在短期内向广泛人群谈论品牌，成为口碑传播的中心。挑选并制造这些谈论者，应该到目标客户群体所生活的不同圈群中找到意见领袖，并设法引导他们接受信息。

2.1.2 话题感

电商需要耐心打磨和产品有关的初始信息，其必须奇特、诱人，例如，特价销售、出其不意的服务、很独特的吸引点、不一样的使用方法、搞笑的产品名称或者尤其漂亮的外形等。另外，话题应该很容易被复述，只需要几句话就能讲清楚，如图 2-1 所示。

为了引发“谈论者”对话题的关注，在推广内容中应预先埋藏以下和产品有关的亮点：

1. 新奇感

能让谈论者感到奇特而有趣的信息，当他谈论时，可以引发别人的关注，更能让自己表现得知识渊博。

2. 愉悦感

能让谈论者自己感到愉悦的信息，他们也会为了分享快乐给别人而主动传播。

3. 情节感

情节动人的故事本身就是优秀而持久的话题，即便故事不是很经典，但只要能让谈论者关注，就会凭借情节打动其他人。

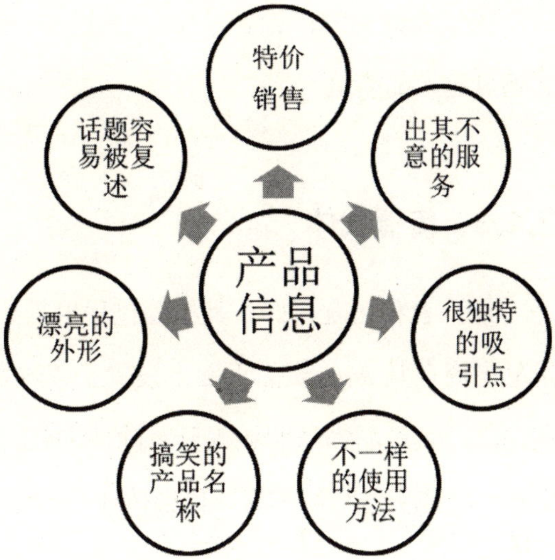

图 2-1　产品信息要有话题感

4. 关怀感

让谈论者感受到企业通过产品传递的关怀，随后他们也会用关怀身边的人来回报品牌。

5. 互惠感

帮助谈论者有效解决其问题，他们也会为了帮助别人而传播品牌。如某电商营销产品是能提高少年儿童预防近视能力的治疗仪，该企业在网站和其他宣传渠道向核心用户（教师、医生和全职妈妈）提供了保护眼睛的常识，这些文章写得简单易懂，很快就出于互惠动机，而产生出更多倍数的转发浏览量。

6. 共鸣感

通过和最初的谈论者产生内心情感共鸣，迅速拉近距离，从而给他们继续影响身边人的能量。

2.1.3 传播载体

谈论者和话题再好，其传播过程也需要准确的载体进行推动。如一家汽车用品电商在其 App 产品页面上设置了“转发到朋友圈”和“转发到 QQ”的链接之后，其产品销量明显提升。除此之外，电商还可以提供给顾客转赠用的优惠券，当他们送给朋友时，也会传递口碑链。

2.1.4 参与口碑

口碑传播链一旦开始，就不应中断。电商营销团队不仅要促进口碑链的建立和延伸，还要设法加入链条，对口碑传播进行鼓励。例如，某电商在推广品牌之后，专门组织了团队回复电子邮件、对博客评论内容和论坛发帖内容进行管理与回应、在微信群中组织各种讨论与互动等。

在类似的参与口碑活动中，企业主要应表现出对顾客的感激之情，同时也要传递出友善态度。另外，企业还可以通过“隐身”等方式，在消费者群体内部进行观察，重点在于了解和掌握消费者对品牌、营销和产品的真实想法，这种对口碑传播过程的实际观察，无论在效率还是可信度上都优于传统分析。

2.2
红包营销模式：能用红包解决的营销都不是事儿

电商红包，是刺激流量上升、提升转化率和促进重复购买的重要武器，围绕红包打造新的营销模式，对于引爆销量和预热活动等实战目标的实现，有着强大的促进作用。

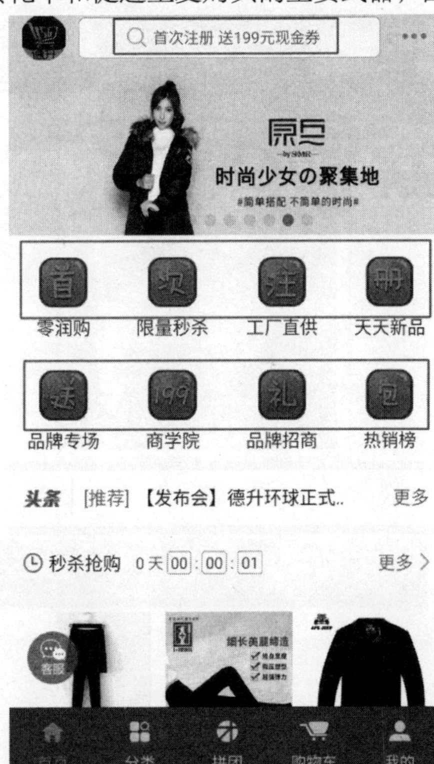

图 2-2　德升环球平台提供注册红包

目前，电商红包类型主要有微信和QQ红包、微博红包、淘宝店铺红包等。当然，一些自建App的电商也会在自己的平台上发放红包，以吸引用户消费和分享。比如，专注于服装电商的德升环球平台，就在用户注册时向用户发放大额红包，吸引用户在商城消费，如图2-2所示。

德升环球作为德升集团最新倾力打造的，以“移动互联网 + 消费商 + 共享经济”为商业模式的新一代手机购物商城，整合国内外知名品牌的优质生产商，为品牌商和用户之间提供零距离一站式解决方案，让用户能用更实惠的价格买到优质的产品，为品牌商解决库存、营销、物流等高成本问题。用户注册了该商城后，会领取到数额不等的红包，如图 2-3 所示，这些红包可以用来在德升环球上直接购物。再加上其拼团、营销推广、申请开店等功能，用户能够得到极好的体验。

图 2-3　领取红包

不过，参与红包营销，需要的不仅是金钱成本和目标群体，更要了解发放的节点、对象、数量和后续行动。

2.2.1 发放时间点

可以选择**重大节日**或者**社会关注热点**发生时进行发放，这样能够吸引用户的眼球。**春晚**时，不少移动电商都选择通过支付宝、微信群发红包，如果企业较小，也可以选择在第二天即大年**初一拜年**时进行发放，如图 2-4 所示。除了春节，还有其他节日，重大节日发放的红包，显然比平时会有更大的收益。

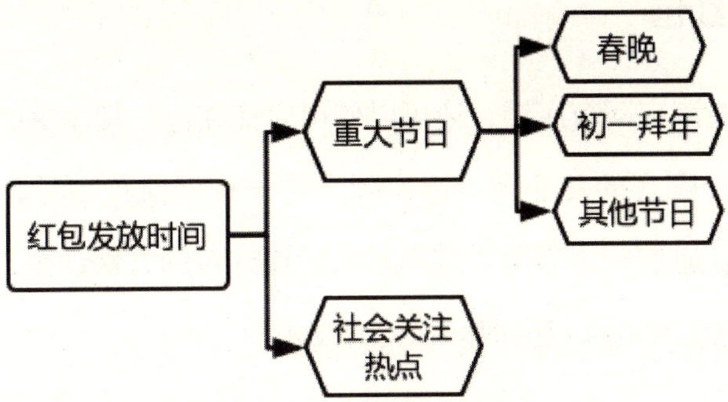

图 2-4　发放红包要选好发放时间点

当然，选择避开节日也是不错的想法，这是因为诸如春节等时机发放红包的企业很多，如果没有后续活动跟进，仅仅是凑热闹性质的一次性发放，其效果会差很多。企业完全可以结合店内某新品上架或者店内庆祝活动等个性亮点时候发放红包，引入众多流量，并马上引导他们参与到活动中，提升用户的转化率。

2.2.2 发放对象和数量

最先发放红包的对象应该是会员顾客，随后是老顾客，可以直接用定向红包的方式，直接给他们提供专属红包，从而增加他们的黏性。

对新顾客，可以采用随机红包的形式，进行拼运气式的争夺红包活动。这样能够扩大新顾客的兴趣范围，引发新的关注。

一般来说，每个月发放红包的总数量可以为每月利润的 5% ~ 10%，其具体数额变动可以根据需要和情况而定。

2.2.3 店铺红包

如果电商在淘宝网有店铺，还可以使用店铺红包，其设置如图 2-5 所示。店铺红包提供给顾客的并非现金，实际上是一种低值代金券，但其拥有独特之处：店家可以通过使用收藏送红包和购后送红包的方法设置，让红包自动发放，从而减少人工发放红包的时间和精力投入。

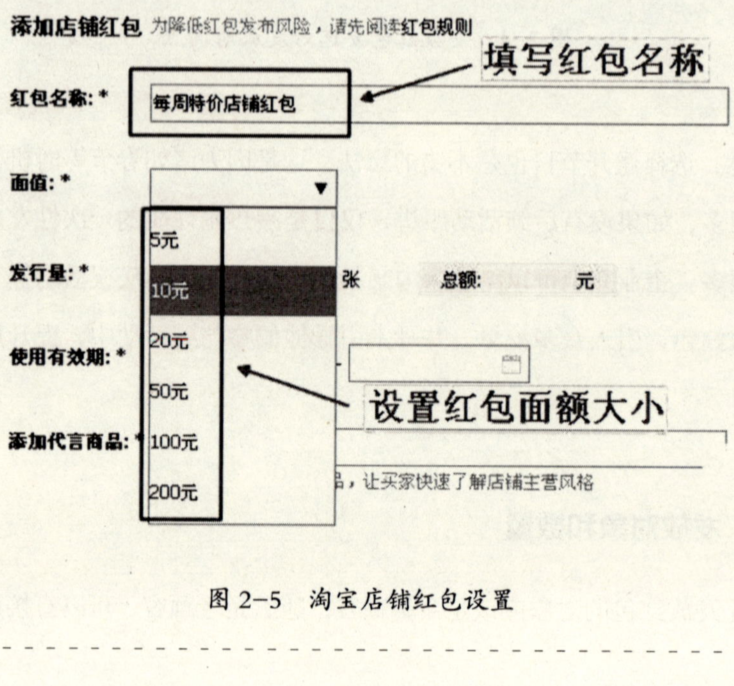

图 2-5 淘宝店铺红包设置

一般来说，收藏红包更适合新顾客，将红包定向发给对店铺或产品进行收藏的用户，能激励他们关注产品和品牌，而得到这些红包的用户又会期待将红包花出去，并为此提高购买意愿。购后红包则适合老顾客，其中的优惠必须要在下次购买时才能使用，因此可以起到刺激老顾客再次消费的作用。

2.2.4 微信红包技巧

微信红包最受欢迎，也最容易和社交相关联，因此，微信红包更容易起到营销效果。

1. 激活“僵尸好友”

每个电商的微信账号中，都可能或多或少地存在“僵尸好友”，这些好友和电商缺乏互动，因此无论电商如何推送信息、发送广告，都会被他们无视甚至屏蔽。但如果邀请这些好友加入微信群抢红包，他们则会或多或少地为了虚荣或小便宜而响应，这样，原来的“僵尸好友”无形中就被激活了。

当然，邀请这些好友抢红包，也需要有良好的理由。

有位电商从业者用这样一段话发出邀请：“今天，我那个新手代理终于卖出去了这个月第一单，我好开心啊，她终于成长了！趁今天开心，我打算给小伙伴们发红包，分享我的快乐，如果你想参与，就请回复我，我会邀请你加入今晚的红包派对。如果不想参与就无须回复，抱歉，打扰了！”随后，她将之复制并群发给那些沉寂的好友，等大多数人回应愿意参与之后，对其进行备注，并邀请其进微信群组织抢红包。

值得提醒的是，对这些被邀请进入群中抢红包的好友，无论是否抢到红包，都可以找到他们私聊表示感谢，还可以免费提供给他们一些资讯服务或送上小礼物。这样，就能进一步加深互动了。

2. 提高朋友圈活跃度

电商刚刚起步，往往发现朋友圈犹如一潭死水，点赞和评论的人永远只有那么几个人。实际上，可以在朋友圈宣布自己要发红包，并设置规则，如“点赞顺序为 3 的倍数，如 3、6、9……”等，就能领取单独发送的红包，也可以在点赞者中随机挑选用户组成群来发放红包，还可以在发送红包后和其私聊，告知对方如果今后想要购买产品，还可以为其打折。这样，用户会愿意在这个红包群待下去，同时也会关注你在朋友圈的动向。

3. 利用红包“购买”传播

如果想让老顾客帮助转发广告内容，则完全可以直接发个红包“意思意思”，然后请对方帮忙。这样的交换更多包含着娱乐和感情成分，会让老顾客更愿意接受。同样，在销售产品（通常价格不高）之后收款时，也可以提醒顾客“只需要发送我 ×× 元红包就可以了”，而发红包和转账带给用户的感觉会相当不同。

在红包发放过程中，就可以通过私聊，引导参加活动的用户去加客服微信为好友或关注企业微博，通过社交工具将用户真正捆绑在身边。

红包发放过程中，需要安排专门的沟通人员和顾客进行互动，通过知识讲解、新一轮红包发放倒计时、邀请老顾客为大家发红包等，获取顾客群体的数据库，收集他们的意见、建议、消费习惯和理念等，并形成电商进货、选择销售群体、价格制定等的关键依据。

2.3 社交分享模式：信息瞬间引爆的秘密

想要让产品信息在短时间内得到爆炸式的传播，依靠单纯的广告手段已经难以实现，充分利用人们在社交中渴望相互了解、表现和沟通的愿望，再利用人性中亘古不变的对利益和荣誉的追求，以社交分享模式来传递信息，才是达成目标的捷径。

电商创业企业鲜 LIFE，是一家创业型移动社交电商平台。打造这家平台之后，企业创始人并没有通过烧钱买流量，他们既不去流量密集的门户网站、搜索引擎导入流量，也没有狂轰滥炸利用硬广告或软文推广。与此相反，他们采用了社交分享传播模式。

一开始，该团队找到了一批**种子用户**，其中有普通用户，也有数百个拥有中小名气的**网络红人**，在**微博、朋友圈分享**，再以社交途径进行**爆炸式传播分享**，如图 2-6 所示。这种方法最大的亮点在于成本，种子用户不需要通过高成本来获得，完全借助了网红崛起带来的势头。

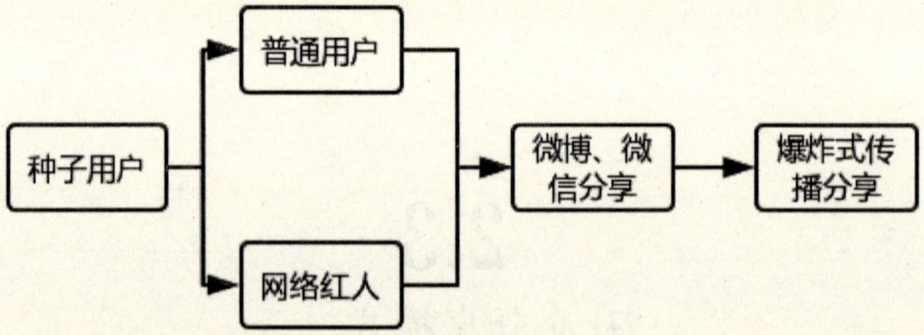

图 2-6　以种子用户开启社交分享传播

此外，他们还运作了名为“享客”的分享项目，当顾客获得邀请码之后，能够在鲜 LIFE 的商城中挑选自己喜欢的商品。随后，这些购物车中的商品会自动形成一家微店，而用户则自动升级为“店长”。用户将这样的微店在社交工具中分享，一旦有人通过该渠道进入鲜 LIFE 平台购物，“店长”就能拿到一定比例的佣金。

在这种分享式电商中，营销平台显得“轻”了许多。电商本身更多负责前期产品的筛选、质量的保证，并不需要费心思不断进行具体的活动推广，也不需要忙于组建庞大运营团队去对流量进行购买、对广告进行投放。这种模式下，消费者既是购买者，也是代理商和传播媒介，整个平台成为优质产品的分享源头和链条，移动互联网的技术手段则确保企业对传播效果的监控和对利润的迅速分配。

当然，社交分享营销模式引爆产品信息，并不只有微店代理这一种形态，还可以从下面的技巧组合开始。

1. 广告植入

将品牌或产品植入网络娱乐信息，如直播、游戏、软文、笑话等。当这些娱乐信息伴随社交行为传播（例如，一款游戏走红）时，营销信息就无形中能直接被大量玩家所接受，产生巨大的曝光效应了。

2. 硬广告

虽然软文的威力越来越大，但硬广告的价值也不应忽视。企业可以直接在网络红人、著名博客、知名社交网站、受欢迎的手机游戏、被广泛使用的App等途径内推出焦点图、按钮、悬浮窗口等硬广告。虽然这种营销形式和传统的硬广告并没有区别，但因为上述工具本身和社交有关，能够有效影响到垂直行业或精准人群，所以可以在局部形成迅速爆炸的效果。

3. 意见领袖

微博、微信上存在不同行业、不同地区的受关注用户，他们活跃度高、内容分享数量大、关注者众多。电商可以先了解他们的兴趣点，寻找能够打动他们的话题来吸引其注意力，或者直接与他们分享产品和兴趣点交集的信息。这样，他们就能直接转载其粉丝。当然，也可以邀请这些用户发表自身对产品、行业的观点，再由企业进行分享。

4. 话题讨论

在社交工具上提出一些有趣或者具备争议性的话题，激发粉丝的参与热情，进而激活分享传播。如某化妆品电商举行过“我有美丽主张”的话题类活动，要求用户在各自的QQ空间发布“美丽主张”，生成动人造型，再根据点赞次数积累基金，从而参加0元换购抽奖活动。

这样的活动中，参与者为了表达自我，会不断分享产品的使用效果图，而接受分享者又会源于社交原因去积极投票支持。

2.4 体验营销模式：优质体验才能便捷沟通

传统的体验营销模式，意味着商品销售者在消费者了解产品过程中要为他们创造良好的感官、情感、思考、行动和关联上的满足感，并获得难以忘怀的感受，从而实现销售。伴随着移动互联网的发展，顾客通过媒体对产品的了解已经挣脱旧有传播方法的束缚，更多的通过互联网数字媒体中的视觉、听觉以及线下对产品的触觉等获得刺激和乐趣，在情感上能得到更大的触动。

一家经营床垫的电商利用消费者看重体验的特点，玩出了新的营销花样：他们录制了一段视频，视频中，先是请多个孩子在床垫上蹦跳，随后又让几个小伙子站在床垫上，最后甚至动用汽车从床垫上碾压过去，但视频结尾所展示的床垫依然完整无恙。整个视频中，电商营销人员并没有说一句话，当视频放到 QQ 群展示之后，引起了普遍关注，短期就提高了销售量。

类似的视频展示在淘宝等电商平台上有很多，但由于 PC 端网页访问不便，能够带来的复制转发效应远远不如移动端微信、QQ 等社交媒体强烈，反之，当消费者能够通过这种方式直观地从手机上获得视频体验时，自然便会选择优先购买。

为此，你必须要清楚用户除了对产品的体验之外，还有其他哪些在电商销售过程中能得到凸显的体验方式，并以其为中心建立营销模式：

2.4.1 终端体验

无论通过微信、微博还是App或其他渠道，用户都必须通过智能手机中的某种渠道链接到电商。这种渠道无疑就是企业在市场中的最终营销端。

终端提供的体验如何，直接决定了用户眼中企业的价值：

1. WAP网络页面的开发设计

确保企业的网站页面安排更加人性化，更加简洁而实用。由于是移动手机网站，因此没有必要让页面看起来像“大网站”，相反，必须突出其能够为用户所提供的功能。例如，某电商WAP网站不仅对产品图片进行优化以便节约顾客流量，还在支付页面上突出显示了支付按钮，以便顾客能第一时间看到并使用。

2. 人性化的App

任何成功的App，都最多只需要五分钟就能被用户熟悉和使用。电商应该对App的运行和服务模式进行充分优化，结合顾客群体的特点，让界面亲近、简洁，不要将网站上的功能全部照搬到App上，而是挑选其中重点如浏览、订购和支付等，并用这种体验来帮助用户熟悉和接受产品特点。

3. 线下服务

任何好的移动社交电商产品，都不可能只有来自线上提供的体验，当产品使用时，会随之产生配送、退换货、维修等线下服务，加强人员管理、提高服务质量，对整体体验会有显著的提升。

做好线下推广与口碑营销，任何一款好的垂直领域互联网产品，都不可能只是基于线上市场的传播，必然有着不同程度的线下推广和口碑营销，在注意开发线上市场的同时，也需要专注于线下市场的拓展，利用消费者互相带动的效应建立口碑营销圈。

2.4.2 产品体验

虽然服务体验很重要，但用户群体的体验始终不会远离产品这一核心，其中体验分为两部分：产品使用、产品提升。

1. 产品使用体验

围绕下面部分来让顾客得到良好体验：

（1）购买体验。目前，购买体验对普通消费群体影响最大的还是产品定价，企业应该利用规模优势或市场优势，尽量拿到谈判主动权，砍掉渠道成本、营销成本和压缩品牌溢价，尽量让用户能够直接面对产品从生产到销售的全部流程。由于“眼见为实”，这种真实感的体验会让用户感到价格实惠，并获得良好的购买体验。

（2）使用体验。企业要多和具体客户进行联系沟通，可以通过电话、微信、微博、电子邮件、QQ 讨论组和线下实际拜访方式，迅速而全面地了解老用户对产品的看法，还可以鼓励用户参与企业内部对产品的开发研究，推动良好互动过程的产生。例如，某电商安排了高管接待日，在每周特定的一天，不同部门高管会专门抽出时间，在微信群中面对老用户解决问题和提供咨询。这样的设计，能够让用户和企业、用户和用户之间产生思想碰撞，带给顾客在其他地方难以获得的体验。

2. 产品提升体验

移动社交时代，单独依靠企业的设计、策划和研发团队来向用户提供不断更新换代的产品价值，几乎已经不可能。相反，许多被实践证明成功的产品提升，来自于用户的生产，这种过程也是一种良好的体验。

（1）荣誉。企业可以为用户发放荣誉头衔，或者利用排行榜、等级勋章、积分等实现激励体验，这样，无论是参与竞争还是排名靠前，用户都会得到不同的感受。

（2）**归属感。**在利用微博传播实现了营销成功的一款手机操作系统中，有许多图标带有用户的个人信息，以便表彰他们的参与设计。同样，一款热门网游中，不少英雄角色姓名也是玩家的姓名。企业可以将用户名字印刷在纪念品上，并附上产品形象或企业 Logo，用户将从这种紧密联系中得到宝贵的归属体验。

2.5 O2O 营销模式：打通线上与线下，构建全渠道

2.5.1 二维码社交营销

移动社交营销模式，其发力点大多在线上，但落实点却需要在线下。没有线下的传播推广，用户很难直接切身感受，全渠道营销就无法形成。这样，即便创业者最初设计的商业模式再优秀，也很难吸引足够的用户流量。二维码能够在线下让特定顾客接受到准确信息，正是相当具有价值的手段。

二维码，是在传统条形码基础上作出扩展，增加了另一维刻度条码而形成的。二维码外形为黑白矩形图案，通过图形表现二进制数据，利用手机等智能设备扫描后，可以获取其中的信息。相比条形码，二维码所传递的信息更多，包含网络链接地址、微信名片或者一张图片、一篇 500 字以内的文章等。

二维码编码方式是免费的和开放的，因此任何人、任何企业都能够通过二维码生成软件来打造自己专属的二维码。

目前，电商企业可以利用下面的方法来进行二维码营销。

1. 传播产品信息

企业可以将官方网站网址、微信名片、App 下载链接、产品图片介绍等信息结合成为二维码信息，并放置在线上如 QQ 群、论坛等处，以及线下的实体门店、广告牌等载体上。这样，用户人群能够主动使用手机扫描二维码，获得完整信息。

展示二维码传播信息的具体技巧：

（1）在展示二维码时，要**附上能够揭示二维码价值的文字**，不仅要解释产品的价值，还要形象地说明可以为用户带来怎样的优惠，如“扫码赢取优惠”“扫码拿免费保健品”等。

（2）线下展示时，应**避免人群来往速度较高的地点**。例如，公路广告牌、普通人行道灯箱、写字楼区域、高杆灯箱等，都不适合展示二维码。反之，**地铁站广告牌、公交车站灯箱、餐厅桌角、公园售票处、商业区橱窗**等载体上，过路的人群心态比较放松，注意力也容易分散，加之手机信号较好，更加适合进行二维码营销。

（3）无论你的二维码在线上将用户引导向微信、App 还是网站，都要记住，你的**传播必须是垂直的**，目的要明确，因为扫码的用户想要的是立即看到自己需要的内容，他们并不喜欢复杂的分类。因此，内容必须简单、清晰、实用。

2. 互动入口

用户还可以通过扫描二维码进入企业指定的网络页面，如论坛热帖、优惠券领取页面、调查研究页面、活动报名表等，直接加入活动。这种方式能够让企业及时向特定个别用户发送邀请,也能保证营销宣传获得最大化的提升效率。

根据团队类型的不同，可以分为下面的几个种类，如图 2-7 所示：

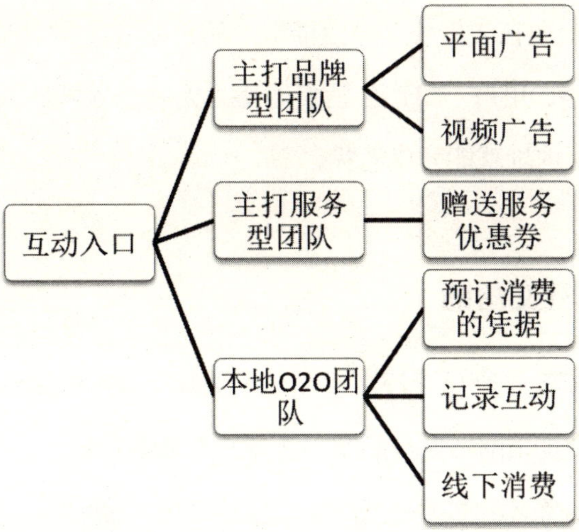

图 2-7　不同类型的团队有不同的互动入口

（1）主打品牌型团队：将二维码放置在**平面或视频广告上**，无论线上线下都应在显著位置体现，通过扫描后，用户可以直接进入公司网店、品牌展示区域了解详情。

（2）主打服务型团队：利用**赠送服务优惠券机会**，印刷二维码，并以文字提示在扫码之后进行二次购买会获得优惠。用户会在线下服务时接受到鼓励，既利于传播，又能刺激其产生再一次体验服务的愿望。

（3）本地 O2O 团队：可以将二维码扫码行为作为用户在线上预订消费的凭据，扫码后，团队客服进行记录互动，用户可以凭借记录进行线下消费。

3. 购买渠道

采用二维码这一方式，还能够直接帮助顾客完成购买行为。团队可以与支付平台进行合作，利用扫码方式，在手机上直接完成购物支付流程。

例如，不少企业在微信公众号上推出产品介绍后，文章末尾处会附上扫码转款二维码，这样，用户一旦产生消费愿望，无须进入网店或微店，只需要直接扫码转款并留下地址就能完成消费。

2.5.2 场景化社交营销

移动电商离不开社交化手段，通过辐射性社交网络的编织，企业能迅速而广泛地造就出一批真正围绕自身品牌、业务和产品的粉丝。

但是，社交关系不可能凭空而来，无论从社会学角度、心理学角度，还是从商业历史发展来看，所有的社交行为都必须依托人群的生活场景、互动场景。在移动电商企业从无到有、从小到大的发展路程上，必须遵循场景化营销原则。

一家依托社区进行健康课程咨询服务的移动电商，想要以企业微信公众号为中心，推动城市中各小区内部居民相互链接和互动，形成线下健身俱乐部，再以实体社交和互动区来产生吸引能力，凝聚更多感兴趣的新用户，推动企业服务。根据创业者的市场调查，在企业所在城市，2 个月内培养出数万名粉丝是应该能实现的目标。为此，企业营销团队开始通过小区实体广告、社区达人比赛活动、创建业主 QQ 群、与线下社区零售店进行合作等活动营销，但这些方法的总体效果并不好。

类似问题在移动电商创业过程中并不少见。其实，推广方法和渠道并不必然决定传播效果，最根本的还是要看用户在何种场景下遇见产品或服务。在用户最需要关注其潜在需求的场景下，碰到了能够满足需求的产品，他们就最容易关注电商。因此，只有事先搭建场景，才能完成高效率的O2O线下营销。从这个角度观察该案例可以发现，他们没有将健身俱乐部放在必要的环境中进行推广，更谈不上场景营销。

好在不久之后，企业意识到了这一问题，开始通过为小区免费安装带有智能设备的健身设备、在儿童秋千架及摇摇乐上张贴二维码等，围绕社区居民的锻炼场景进行推销，其营销效果终于随之优化。

场景化营销最大的优点，在于避免了让用户被迫接受信息，而是潜移默化地尊重用户原本的生活规律，并对其心智和认识进行改变。在成功的移动社交电商中，几乎都体现出场景营销的成熟经验。

小米之所以能够依靠口碑塑造获得自己的粉丝群体，是因为其无时无刻不尊重和构建着用户使用智能硬件的生活场景。小米App中，用户可以走进虚拟家庭，分别进入虚拟厨房、虚拟卧室、虚拟客厅，使用虚拟的小米净水器、路由器、电饭煲、智能插头等，感受其带来的便捷作用。这样，用户几乎忘记了正处于营销推广中，却能充满兴趣地了解和接受产品。

传统互联网时代的O2O，看重的是流量多少和入口大小，移动互联网时代的电商，在注重社交化的背后，需要的就是对产品进行最适合的场景化构建。为了实现这一点，电商企业不应该单独去独立研究如何引流、如何投放广告、如何进行推广，而是应首先深入用户最可能与产品交集的场景，或创造这样的场景，或利用场景中的空间，和用户进行面对面交流，通过情感互动来获得粉丝的关注，发挥影响力，做到稳定、迅速地提升流量。

下面这些因素是非常重要的：

1. 构建自然的产品使用场景

让用户邂逅产品并产生兴趣的场景必须自然，应该顺利成章，让用户感觉到其背后的逻辑符合自身兴趣，也适应社交需要。最起码要能够在正确的条件下，去触发用户的接受行为，而并不是无中生有地强加。

无论构建场景的舞台是线上的微信、微博、论坛还是App、电话，或者是线下的实际体验、交流活动，都不应该让用户感到突兀。

一家高端文具电商，其线下推广活动地点专门设立在当地最大的新华书店附近，并在暑假期间举行了阅读知识竞赛和最佳萌娃投票的线上活动，这样的场景很容易激发用户对孩子文具的关注。反之，如果采用直接打电话或者微信联系的方式，就很难有如此效果。

2. 场景构建应注重细节

一些电商的营销过程虽然借用了强大的渠道，但效果依然不佳，其背后原因在于即便试图融入用户的生活场景，但细节不够打动人，对用户也缺乏真正的体贴与关怀。

创业者需要了解用户日常生活的习惯，看准哪些机会是能够引导其习惯转向关注产品和服务的，并将之作为关键的推广环节来打造，影响并培养更多用户群体。

E袋洗是一家专注于O2O的移动电商，其业务线从单一的衣物洗涤发展到鞋类、家纺、酒店、奢侈品皮具服饰养护等，拥有“城市洗护智能中央工厂”的硬件支持。其推出的一系列场景营销中，尤其注重细节的构建，例如，2016年端午节前，该企业推出了分享内容“端午清扫习俗”，以现代城市白领的端午生活内容去和传统节日习俗进行比较。在文字转发过程中，用户重新意识到这个节日更为丰富的场景内涵，并触发了他们在线下选择清扫洗洁消费的意愿。

3. 场景营销需要多侧面触发

消费者转发分享了O2O企业的内容用于社交，并不意味着场景化真正走进他们的心中。为此，企业要充分利用线上和线下的交接点来推进场景化入口，引导消费者从这样的入口走进事先预置的消费情境。这些方法包括地理位置推送、通知栏信息、短信信息等。

O2O 餐饮服务电商，可以运用位置信息，向粉丝群推送附近的美食信息；

服饰 DIY 电商，可以利用通知栏信息，以换季问候的方式通知用户关注天气，并在用户查询未来天气的场景中推荐服饰消费信息；

金融投资理财服务电商可以利用财经信息，让用户及时关心投资等。

当用户群体习惯接受类似信息之后，就很容易走到预设场景中，并通过消费获得更好、更直接的线下体验。

2.5.3 上门服务社交营销

互联网 O2O 模式的兴起，几乎和移动互联网的兴起同步，这一过程也为电商带来新的营销模式：上门服务。

所谓上门服务营销，是指电商企业作为资源整合的平台，为顾客提供交易机会。顾客可以通过线上下单、确定人员、要求到指定地点服务等流程完成消费，而并不需要顾客出门。

实际上，上门服务营销并非互联网时代的特例，在互联网诞生之前，餐饮、家装、电器、家政等领域出现了不少成功案例。从 2014 年开始，上门服务营销如雨后春笋，伴随消费群体内部的互动沟通和体验分享，营销范围从美甲、美妆、烹饪到洗车、按摩、保洁，吸引了众多电商目光。

上门服务能够在很大程度上体现出社交电商的优势所在。这种营销方式将产品和服务直接呈现在顾客面前，并由他们现场判断收益。这种迅速、直接和所见即所得的刺激感，能够让用户群体感觉新鲜，并产生迅速的分享愿望——例如，某电商家具店推出的上门清洁服务项目，受到了顾客良好的评价，员工现场就可以提出请求，要求顾客能发送几张服务照片，加上品牌名称，即时在朋友圈分享。由于这种要求是现场提出，同时顾客也沉浸在服务环境气氛中，绝大多数人都会同意执行，而不需要任何企业营销成本的支付。

不过，想要收获这种即时传播的社交营销效果，并非简单地采用上门服务营销就可以实现，该营销模式的困难主要包括以下方面：

在上门再服务营销模式中，服务质量的评价标准并不明确，如洗衣、外卖等，不同顾客会有不同期待，期待是否满足，影响了他们对分享行为的热情。加之上门配送成本包含了人员和网点两方面，如果订单量上升，对电商的资源掌控能力是一大考验。而在上门即服务的营销模式中，服务者本身并不隶属于电商，很容易出现私下交易、客户流失的情况。

为了做好上门服务营销模式，企业应该学习现有成功经验，进行下列准备工作：

1. 高素质的专业人员队伍

目前选择购买上门服务的用户群体，对价格的敏感度显然不如对质量的看重，他们的社交能力、人际资源、传播范围通常也是当地最强的。因此，企业应该事先掌握线下成熟的服务队伍，并在开始服务之前进行专业培训，服务之后，还要将客户评价同绩效考核严密挂钩，确保用户可以从服务中得到良好体验。

2. 选择传统服务门店合作

电商可以同线下已有固定经营场所的行业门店合作，例如，干洗店、维修点、家政中介等，他们的经营场所并不一定要在商业区，在社区附近也可以，但需要进行一定的装修维护来营造电商在线服务的气氛。

在谈好合作伙伴之后，就可以将门店店面图片、地址、经营历史等情况在微信、微博或 App 等移动互联网渠道进行展示了。随着不断传播的递增，会有越来越多的用户认可企业实力，并通过门店来了解线上平台。另外，这些门店的经营成本也无须企业支付，企业最多需要付出一些合作成本，后期则可以从门店的业务利润中获得提成。

3. 严格制度，约束跑单行为

采用会员积分制度，每次会员顾客成功消费后即发放积分，并允许当场进行兑换，获得优惠服务或者小礼物，会员如果发生“跑单”行为，即预订却又拒绝服务之后，就要承担更多扣分的惩罚。

还可以建立风险评估机制，对那些积分较低、多次跑单的会员客户，要提前多次进行确认，甚至直接将其拉入服务黑名单。

4. 定期拜访制度

上门服务类消费行为，往往会形成特定个体或家庭的习惯性依赖。如果一家企业能够拥有数百个这样的稳定客户，就会拥有获得下一步融资和发展的强大基础。

为此，企业除了应做好对他们的服务之外，还应该组织内部的客服力量，定期利用社交软件或上门进行拜访，除了普及与服务有关的知识、赠送免费用品之外，还可以多和对方家庭中决定消费的人进行沟通互动、形成情感链接，这样就能避免客户与服务人员私下交易了。

2.5.4 垂直社交营销

当社交电商建立在移动互联网基础上时，一个事实越来越清晰、明显：充分而广泛的用户数量，决定了垂直营销模式的操作可能性越来越大，市场也迫切需求越来越多的垂直人群社交电商。正因为如此，不少企业准确地切入这一层面中，获得了相当的成功。

所谓“垂直社交”，实际上是指在特定人群中构建社交网络，并利用这样的网络进行产品营销。这种互联网商业模式从“一切以客户关系为中心”发展到“一切以特定需求的客户关系为中心”，社交分类更为细化，人群延伸更为准确，所对应的推广目标也更为集中。一旦在某个领域形成优势，就很有可能因为发力早、成效快而独得长尾效应的优势。

小红书是一家社区电商平台，近年来该企业发展迅速，其营销模式的特点就在于经营上百万的垂直人群内部的社交网络。

小红书的移动垂直社交网络，有以下几大特点：

1. 瞄准细分人群

与普通电商通过微信、微博等由用户自主形成传播链条的方式不同，小红书从一开始就定义了用户社交分享的范围。该企业将用户设定为新一代中产阶级人群，这样的人群对生活方式有新诉求，并由此产生更高的消费需求，其消费目标市场是成熟的海外，而并非目前国内企业的产品。

因此，小红书的用户集中在一线城市，占到了50%，其用户年龄则分布在18岁～30岁，以学生、白领等女性用户为主。因为用户垂直，所以小红书的移动社区、App、微信公众号、微博等社交渠道等的话题讨论集中，主要包括护肤、美容、宝宝、保健品等方面，非常容易形成热门话题。

2. 突出内容，满足具体需求

小红书最初作为社区产品出现时，推出的主要内容为出境购物攻略，其服务目标集中在那些即将出国采购的用户身上。“福祉社”推出之后，更是将这一功能同电商结合起来，并提出“找到国外的好东西”这一口号。

由于主打用户原创内容、分享购物信息和使用心得，小红书在垂直人群中产生了巨大影响。其中初期功能包括当地购物达人编写制作PDF文档、用户之间分享和下载，发展后功能包括购物达人榜（每个达人会有类似皇冠、勋章的虚拟头衔、积分奖励），具备收藏功能的“心愿单”（能够转发和分享）等。

上述内容围绕垂直人群的共同需求形成，并构建在社区稳定的结构基础上，在很短时间内就打动了特定品类的人群。这种专业性强、溢价高的内容，带给特定顾客以满足感和分享愿望。

3. 活动与传播精准化

线下营销活动宣传主打“男色”，针对年轻女性消费群体进行情感互动，如“肌肉男送货上门”“男模秀”“国外小鲜肉送快递”等活动内容，迅速点燃用户群体接受和传播的愿望，从线下内容转化为线上分享，引导新流量进入。

线上广告则集中表现在微博话题中，通过运用个性化的互联网词汇，利用大号转发话题和推荐下载，针对垂直人群进行转发和讨论，获取了集中而高效的流量。

另外，小红书打造垂直人群社区的制度也很到位，避免了大量广告和垃圾信息，确保了社交体验的高水准。例如，购物笔记新版本有用户举报功能，编辑会关注接收到举报的帖子，尤其注意那些等级较高的用户，一旦帖子被几个这样的用户同时举报，就会很快被删掉。这样，即便社区外的水军进入论坛发放商业广告，也会很快被过滤或雪藏，不会影响到用户的社区体验。

由于用户区分准确、社区内容针对性强，用户会因为社交关系、情感联络而花费足够多的时间停留在 App 中，她们通过各种行为包括点赞、收藏、关注和分享呈现了高价值的个人数据，并由此促进了个性化营销效率。

小红书的成功，说明移动社交电商提高自身营销效率并非简单地对产品和用户定位准确就行，而是应能够在对人群进行垂直化细分的同时，抓住用户群体特定的社交需要、价值追求来进行。

在实际操作中，垂直社交电商应该首先关注下面这些关键问题：

1. 关注用户指标

使用重要的用户指标分析社交行为。无论在微信公众号、微博或是社区、App 中，都可以使用**日活跃用户和月活跃用户**来对用户黏性高低进行评析。一般来说，月活跃用户指标能够从宏观角度和战略层面体现出指标垂直用户人群黏性的高低变化，而日活跃用户则是从微观角度和战术层面加以判断。

企业可以长期使用这两大指标所衍生的一系列指标（如**微博评论数、转发数，App 访问数，微信公众号文章阅读和转发数**），判断垂直人群的社交行为频率高低，分析其转化率。

2. 引导垂直用户加强交流联系，形成转化

垂直类社交电商最大的优势在于能够直接对潜在用户进行具体性的发掘和引导，这种优势可以大大缩短其转化时间，其中主要包括下面这些技巧：

（1）**对用户中专业性强的个别用户进行充分彰显**，维护他们在人群中的地位，利用标签、荣誉、头衔等，使他们获得推崇的地位，从而成为企业与普通用户之间联系的纽带。

（2）**举行迎合用户直接需求的在线活动或线下活动**，这些活动不仅要能让用户和企业、用户和用户之间产生联系，还要充满酷炫意味、迎合热点潮流，能够让用户在感受活动氛围后愿意随手记录、拍摄和转发。

（3）对用户进行**分组化和标签化**，让垂直用户群体中能够建立起各自的角色感，并培养彼此之间的协作、受益和分享关系，最终使得他们愿意更长时间停留在社区中。

（4）针对用户具体需求，建立对应的**专业人才库**。这些人才库可以是企业自身资源，也可以来自用户本身，从而对多样化、多层次的需求进行二次梳理，以便提供更加精细化的营销活动。

（5）为用户提供**专业化的服务工具和架构**，利用论坛上的分组、上传、下载等功能，强化内容的组织和运作，确保企业在垂直用户的维护、管理和价值利用上走向更深层次。

2.6 微商营销模式：人人可参与的营销

广义上说，基于移动社交平台发展衍生的小型电商形态，都属于微商营销范畴。利用微商，能够帮助团队或者个人开展新型而便捷的营销模式。

“微商”的“微”，既是指经营者无须投入多大成本，不必追求多大规模，也是指营销范围可能只限于个人社交圈或城市地域圈。背后更重要的特点，在于其“去中心化”，即人人都能成为整套营销体系的中心，如果是传统企业想要借助微商模式来进行营销，则其必须可以成为一定范围内的中心点，再利用其“去中心化”特色发展。

事实上，微商营销模式并不只是广大个体微商从业者的专利。2015年2月，苏宁在内部为员工开了上万家网店，鼓励员工开设微店售卖苏宁易购的所有商品，并为此推出奖励措施。发展至今，目前已经有9万多家苏宁易购的微店上线。

龙润集团是一家有相当规模的茶叶品牌企业，该企业也意识到利用微商来发展移动社交营销的重要性，其企业内部员工个人上线的微店数量已经达到3000多家，贡献的业绩量达到整个网上零售额的40%。像鲜花饼这样的单类目产品，企业甚至全部交给了微店去销售，由于重视了个人潜力的开发，复购率得到不断提升。

无论是企业还是个人，采用微商模式都不失为进行移动社交电商的良策，在具体操作过程中，需要注意以下重点。

2.6.1 学会对粉丝进行筛选

和企业进行移动社交电商不同，单个微商所能够立足的营销范围并不大，其中的社交关系也相当私密。因此，企业不应去刻板规定员工、代理进行统一的营销内容，而是要强调对用户进行不同方向和标准的筛选。

在对用户进行筛选时，不但要注意用户基本的社会角色，还要从整体上分析其可能重视的购物热点，例如，通过聊天了解其家庭情况、健康状况、消费历史、收入情况等，再根据其购物心态的不同来制定不同的具体营销政策，推荐不同的产品。

2.6.2 选择新颖产品

如果是个人进行微商销售，应该在用户碎片化、便捷化的阅读氛围中，利用其仅有时间抓住眼球。可以选择诸如汽车美容产品、科技含量较高的家用产品等，这些产品既有着一定的需求，又并非线下商超或线上电商的销售热点，销量自然能够具有先天优势。

如果是企业选择微商模式，不妨挑选出产品系列中比较新颖、时尚的产品，既符合微商特点，又能为产品下一步的大规模销售做足铺垫。

2.6.3 及时进行产品补位

微商营销模式不能过于急功近利，也不能只是依靠单一产品的几张图片或文案就试图获得信任。营销者需要借助更广泛的产品系列，完成自身品牌的塑造和丰富。

例如，某电商主要产品为汽车美容装饰用品，但在朋友圈的晒单、公众号推广运营上，又陆续推出了和汽车相关的一系列产品，如润滑油、防冻液、雨刮器等，这些产品使其形象更加完整，并获得了粉丝的信任和关注。

2.6.4 适当扩充渠道

目前，微商营销主要通过微信渠道完成引流，但该营销模式前期依然应该通过更多其他渠道进行导入。

不少“网红”的微商营销首先通过视频直播和微博积累粉丝，当用户群通过沉淀并形成规模之后，再通过关注有奖、转发优惠等方式引流加入微信，促使他们避免微信前期加粉的瓶颈缺陷。

2.6.5 扁平化分销管理

企业选择采用微商模式进行网络销售，必须考虑到代理层级数量问题。

2015 年以后，扁平化分销代理成为趋势。在这种模式下，企业直接对所有代理进行管理，中间不需要再区分级别，从上游链条的生产端口，到最终个人消费者受众，经过的代理层级越少越好，这样能确保微商营销不会出现层层加价的现象。

此外，在条件适当的情况下，每位代理的拿货价应该相同，无论提货多少，金额都不应有所调整。为了弥补代理的销售积极性问题，可以用提货累积金额返点的形式加以激励，从而保证多销多得的激励效果依然有效。

2.7 众筹营销模式：筹钱的同时筹足人气

众筹，来自国外 Crowdfunding 一词，这是指利用预约性质的团购形式，向互联网上的个人筹集项目资金。但众筹又不仅仅是融资方式，通过众筹，企业能够在移动互联网平台上进行形象展示和营销活动。

一些企业在众筹平台上推出了个性定制服饰、鞋帽的活动，并通过社交软件邀请不同消费者来进行众筹。在整个定制过程中，企业实际上利用众筹形式来和消费者进行互动，这种互动是消费者主动分享并参与的，并非传统营销的全面“轰炸”，因此更容易被接受。

根据企业选择众筹营销具体模式的不同，众筹营销可以分为下面三种类型。

2.7.1 意见领袖模式

利用移动互联网社交的传播特性，让意见领袖代表企业发起众筹，可以打破融资和营销之间的障碍，让广大消费者既成为营销对象，又成为项目资金的提供者。

规模较小的创业公司，可以考虑选择下载众筹 App 平台（如“轻松筹”），进入其中发布项目，收集更多用户意见，更好地改进产品。同时，邀请意见领袖来对市场营销进行预热。在这样的模式中，意见领袖的选择至关重要，应该挑选能够代表最大多数潜在消费者群体的网络红人或专家学者进行代言和号召。

如 2015 年，“道清源”酵素产品在朋友圈进行的众筹营销，短期内就获得了 1550 人的参与，支持金额超过 580 万元，达到原计划的 10 倍。该案例的成功，和发起者的个人影响力有着紧密联系，该项目创始者税新，是“世界华商联合会理事”、“中国百名优秀企业家”、长江商学院 EMBA 等，也是全国最大保暖内衣品牌创始人。伴随众筹方案的公布，其众筹页面在朋友圈迅速传播，并获得主流媒体的关注，取得营销成功也就顺理成章了。

2.7.2 预消费模式

推出众筹项目之后，利用移动社交网络，直接将开发团队推到前台，和潜在用户群体进行互动，引导他们为产品提意见，甚至直接参与到产品设计的流程中。

乐视推出新产品“乐视盒子”时，就通过众筹方式，让消费者在下单之前了解供货周期，而他们正在努力的众筹目标是让产品从设计、研发到传播、销售，再到售后和运营，其中每个环节都能通过互动方式直接传递给个别用户，以便用户能够深度参与到全流程中，始终有机会发表意见。

2.7.3 用户主动参与

众筹既可以筹集普通用户的金钱，也可以只是筹集对产品的关注，通过赞助模式的宣传，达到链条式的形象扩展效应。为此，企业应该给予主动传播者真正的实惠，帮助他们建立内在驱动力。这样，整个众筹的流程就能得到良好运行。

现代集团曾经在北美进行一次社交网络的众筹项目，通过移动互联网，帮助消费者向亲朋好友宣传新车，从而筹措购买新车的资金，该活动促使现代实现了在北美 1600 辆新车的销量，而消费者也减轻了资金压力。

2.7.4 众筹流程技巧

对大多数普通电商企业而言，加入众筹平台展示项目并进行社交营销需要克服重重困难，下面这些技巧是必须及时运用的。

1. 提前准备

提前熟悉并运用微博、微信等工具，经营自己的粉丝群体，拥有大量的联系人信息，并在众筹活动之前就和他们发生联系。

2. 找准合适的平台

科技含量较高的产品，可以进入京东或者淘宝众筹平台进行推广；和日常生活关系密切的产品，则可以到“轻松筹”平台进行经营。选择何种具体的社交媒体和众筹平台并没有标准答案，这需要结合企业特点、产品功能和目标消费者来确定。

3. 众筹信息

众筹信息应该简洁有趣，从第一句话开始就要具备吸引力，要能够让用户不自觉地点开链接并进行转发。此外，对众筹信息还应进行及时的更新和维护，保持项目内容在众筹平台上的活跃度，让项目支持者和关注者能够不断获得新信息，以此建立强大的凝聚力。

4. 如实沟通

众筹营销往往是一个长期的过程，需要 30 天或 60 天乃至更长时间，因此，作为项目发起者的电商，要确保用户始终知情，能够如实地向他们反映情况。如果始终不和他们联系，他们就会对项目失去信任，并中断传播和投入。

2.8 互动营销模式：互动中发现客户需求

社交电商的本质和传统商业并无区别，所有行为都应该能够直接或者间接地促进交易产生，为此，企业不能忽视为品牌传播打造良好的情感氛围，互动营销对氛围则有着至关重要的影响。

江水平的成功营销，正是互动模式下的硕果。江水平来自南京，最初是一家小施工队的管理者，他根本没有成立公司，主要依靠 QQ 空间、西祠胡同等移动社交版块来宣传自身的装修模式。自采用这种营销模式以来，其每年营业额达到 1000 多万元，利润 130 万元以上。

他是怎样进行互动营销的呢？

最初，江水平由于缺乏创业成本，只能利用手机上网，在西祠胡同的装修论坛中用“包工头装修日记”的名义，向网友解释问题。渐渐地，江水平拥有了个人品牌。随后，他在西祠胡同免费拿到了讨论区，并开始发表软文，全面宣传自身装修队的不同，对网友们提出的每个问题都进行回答。此外，他还很注意帖子内容的深度互动性，不仅有装修业务，还有其个人家庭生活，如对子女的呵护、对妻子的关爱、对父母的孝敬等，并围绕这些话题和客户进行生活常识、旅游见闻、思想意识等多方面的互动。

维持着全方位的不断互动，江水平才有了充分的顾客资源积累，并得以迅速扩大业务，超过了传统实体家装企业，并成功进行了融资。

打造移动社交电商模式，需要积极进行互动。每一种移动互联网营销模式都离不开互动要素，其中重点包括下面几种：

1. 要确保互动者能参与其中

网络营销应该方便用户参与，任何复杂的互动环节都会导致网民离开页面或者关闭手机 App。例如，申请试用产品的互动过程中，表格应该清晰明了，应只需要几十秒就填写完毕。

2. 要确保互动产生明确利益

参加讨论能够获取奖项或积分，进行投票能够得到荣誉头衔等，这些利益应该是能即刻看到或感受到的，否则互动频率就会不断降低。

3. 准确分类

整合客户群体资源，进行细分，寻找他们的需求特点，整理成为具体需要解决的问题清单。确定问题之后，找出其中可能的互动点，并将之列在一张表格上，形成合适的互动计划。这样互动才能变得有序和科学，同时能够带来长远的吸引力。

4. 随时保持

在互动营销模式下，企业绝不能犯下任何疏忽错误，例如，当用户试图和企业进行沟通联系，等待半天之后得到的却是官方语言十足的一封邮件，就会导致他们不满，而将抱怨内容公布在微博或朋友圈平台。

服务必须要确定实时化的策略，即做到速度和灵活性并重，对用户提出的问题进行迅速和及时的反应。

2.9 内容营销模式：原创的巨大价值

移动互联网兴起的同时，大众媒体无可置疑地衰落下去，这一现象对于电商是显著利好：内容传输的成本会随之下降，内容营销成为巨大的市场潜力。

北京天同律师事务所拥有微信公众号“天同诉讼圈”，目前，该公众号的粉丝达到 15 万人，其共同身份特点都是律师。作为自媒体，该公众号每天会推出不同的内容，从而培养顾客的黏性，并实现盈利。

该公众号每周一会发布对法官思维解释的原创稿件，每周二的内容则是帮助新手律师去理解不同的行业……通过类似的原创内容，让顾客群体根据身份的精准定位，形成不同粉丝群体，塑造新的内部社群概念。事实证明，这种原创内容营销，不仅扩大了企业的商誉，而且能直接带来经济效益，该事务所曾经将公众号上的所有文章编成文集，并以定价 160 元的价格出售，在短短半小时内销售上千本，而类似的业绩在普通出版行业内是难以想象的。

以原创内容来作为区分，并对用户群体加以吸引，这让内容营销模式方兴末艾，是移动社交电商领域重要的推广渠道。在进行该营销模式操作时，需要注意以下几点。

2.9.1 内容原创度必须要高

仅依靠复制粘贴的内容已经难以对一家企业的形象进行传播，相反，企业必须花费足够的资源和精力在高度原创的内容上，包括图片、文案、视频和音乐的制作、组合，应该像一家媒体那样注重运营，才能确保内容新鲜、实用并具备高转发性。这些内容除了有直接娱乐价值外，还能带给专门的用户人群以实用感。

此外，传统电商创业者习惯于通过搜索引擎或 B2B 平台来推广营销内容，并通过这些内容中的接口来间接推广产品价值，但这种方式随着搜索资源的垄断加强，成本越来越大。有鉴于此，企业有必要选择新的思维，将营销内容放在自媒体等平台上进行发布和管理，类似的形式能够直接让用户被企业所连接。

2.9.2 内容应专业

内容营销吸引客户的逻辑，在于能够用更专业的方式去满足客户，并帮助他们解决问题。IT 行业中，中关村在线网站和 App 能够帮助用户，向他们提供丰富的产品品牌、价格和性能对比信息，同样，任何一家企业的营销内容都要有其他渠道中难以获取的深入部分，这些部分最好能形成帮助客户解决问题的方案，这样，他们就不会浪费时间进入其他渠道了。

企业的营销内容应扮演为顾客而工作的专家，为其提供产品的对比、研究和体验内容，这些内容需要进一步整合，并充分细化与深化。

2.9.3 软文内品牌的植入

软文是内容营销不可或缺的渠道，除了在企业自身营销渠道中进行推送外，软文还有新闻、评论、博客、空间、论坛、问答、百科、视频等各种形式，相比之下，传统的营销内容根本无法进行这种全渠道的整合。

在软文内植入品牌内容，可以有下面这些形式：

1. 场景内容

即让品牌的视觉符号、文字符号或者产品名称本身进入软文内容，形成内容的重要部分。

2. 对话内容

在软文情节中设置人物对话或内心独白，并将品牌或产品形象植入其中。

3. 情节内容

让某个产品成为推动整个内容的情节要素，或者成为情节中具体环节的有机组成部分。

4. 理念内容

即根据企业文化和品牌内涵推导出符号的意义，将其植入内容的情节，诠释品牌理念和内涵，增强品牌的个性。

Part 3
移动社交电商粉丝引流篇

3.1 移动端之百度引流

百度是目前中国最强势和主流的搜索引擎门户，围绕其提供的一系列功能服务进行粉丝引流，可以产生良好的效果。

3.1.1 百度知道

百度知道是一款问答平台，同众多网友的生活、工作、学习息息相关，利用该平台上的提问和回答，能够很好引流。

（1）准备账号。提前注册百度账号，或者直接通过购买方法获得。无论采用何种方式，最好能提前一周获取账号。

（2）下载具有自动删除 Cookies 功能的浏览器（如无痕浏览器，如图 3-1 所示），并选择宽带拨号或者 IP 工具，其主要目的在于避免账号被封。

（3）选择和营销内容有关的关键词，并参考百度指数、百度一下等主流关键词统计，设置细分的长尾关键词。

（4）进行提问。提问账号应选择历史较长的，并注意进行适当的提问补充，问题内容应详细，体现出需求的真实感，如图 3-1 所示。

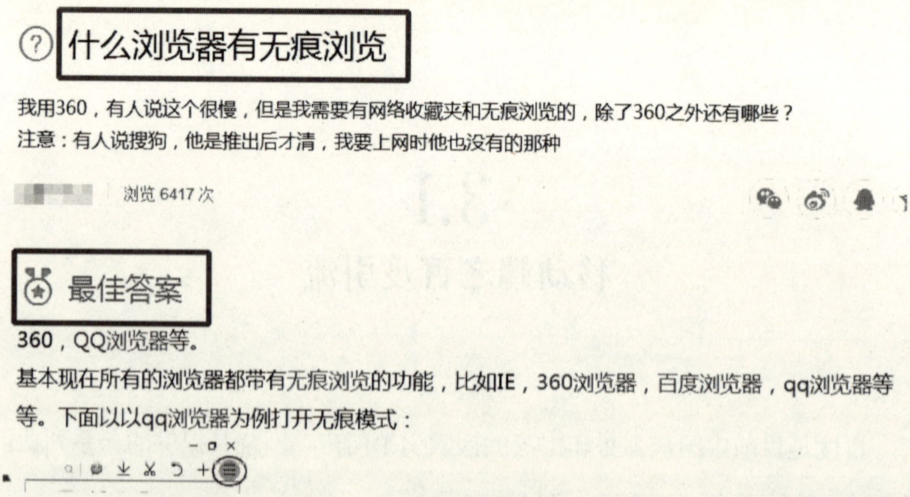

图 3-1　百度知道的提问与回答

（5）进行回答。提问之后等待时间不应过长，否则同类关键词可能被其他问题抢占。采纳的回答内容中最好有详细介绍的文字、图片和说明，可以加上网站链接，但不应过多。

3.1.2　百度搜索下拉框

百度搜索下拉框功能，是指无论是在移动设备还是在 PC 端访问百度首页并搜索关键词时，百度会自动推荐和该关键词相关的长尾词，以便用户直接搜索而不需要打字。

例如，搜索“帆布鞋”，会出现“帆布鞋品牌排行”“帆布鞋店加盟”“帆布鞋厂家批发”等，如图 3-2 所示。

图 3-2　百度搜索下拉框营销

百度下拉框算法很简单：系统记录关键词每天搜索量，同时记录相关词的搜索量，并将结果加以保存，再按顺序展现在下拉框中。一定周期内，搜索量越大的词，在下拉框中排名越靠前。

利用这一算法，可以有效引流截流。

1. 软件点击

使用市场上现有的软件，如**互点宝、推百拉软件等**，在其平台上注册之后，和所有用户集中起来形成数量庞大的点击团队。**当某个用户在软件中设置了某长尾关键词后，软件系统就会调用其他所有用户的电脑程序，对长尾关键词进行搜索。当搜索量达到一定数量和维持一定时期后，百度下拉框就能推送该长尾关键词。**

2. 人工点击

（1）组织员工或邀请朋友，在一段时间内维持每天的**搜索和点击量**。

（2）如果拥有自己的网站，可以在网站页面上设计**弹窗**，将关键词的百度搜索结果链接地址应用到弹窗中。当访问者打开正常页面之后，自动弹出的即为百度搜索结果，相当于自动搜索该关键词。

（3）没有自己的网站，可以直接找到一些**访问量不错的站长**与其合作，只需要花较少的成本，也能带来每天几百个的 IP 弹窗点击量，从而间接提高关键词在百度搜索下拉框中的排名。

3.1.3 百度直达号

百度本地直通车，是百度推出的帮助本地服务商家高效引流客户的推广方式。电商可以在百度移动开放平台建立官方账号，并通过移动搜索、@账号、地图、个性化推荐等不同方式，直接获得强大的客流支撑。

海底捞火锅成立十余年来发展速度很快，但线上电商领域始终没有做大。为此，他们开发了百度直达号功能，任何一个客户在手机百度搜索框输入“@海底捞”并百度，即可直达海底捞服务，如图 3-3 所示，进行线上预约并到店消费，实现了每日 400 单左右的流量增加。

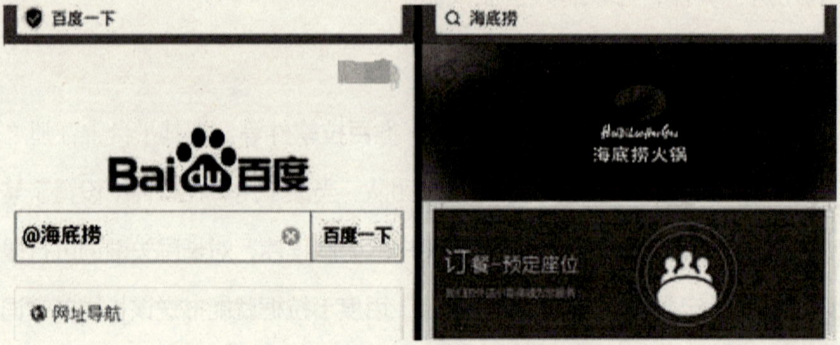

图 3-3　百度直达号搜索商家可直达

自助开通的方法分为如下四个步骤：

（1）登录百度账号，进入直达号官网首页 zhida.baidu.com，进入后点击网页蓝色按钮“自助开通”，或点击首页最上方的“立即开通”。如果没有邀请码，最简单的方法就是编辑邮件标题“申请直达号邀请码—公司名称”，然后发送邮件至 ext_lightApp@baidu.com，工作人员会在 5 个工作日内给予回复。

（2）填写资质信息，在信息填写页面中填入行业分类、企业名称、营业执照注册号、营业执照扫描件、企业法人姓名等。所有信息都应该如实填写。

（3）设置**直达号关键词和接入轻应用**。关键词内容很重要，必须要确保其在百度搜索中是唯一存在的品牌名，并能够作为未来客户 @ 商家的关键词。关键词一旦设定，就无法修改，设定完成等待申请的时间通常是 5 个工作日。

（4）百度直达号开通并接入轻应用之后，电商就可以在其平台上对接商品、进行介绍，电商引流的渠道也就自此建立完毕，如图 3-4 所示。

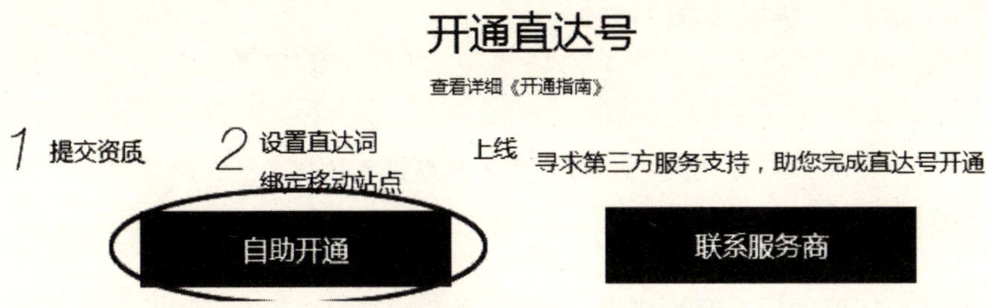

图 3-4　自助开通直达号

3.1.4　百度文库

通过长尾关键词的优化，电商企业能够获得更多意向度高的潜在消费群体，利用百度文库进行相关长尾关键词优化，也能实现引流效用。

百度文库属于在线互动式文档存储分享平台，该平台上有达到千万量级的网友分享文档、宣传价值。

1. 设置文库标题

不妨找到专门做百度文库的团队或个人，在其文库中分享和产品有关的文章。例如，“减肥养生食品注意事项”“财务软件产品使用注意事项”等标题，都能上传到百度文库中。

类似文库的标题设置中，最好应包含想要推广的企业产品或服务的长尾词，这样就能通过提升文库排名的方式来吸引不少流量。某财务软件百度文库标题，如图 3-5 所示。

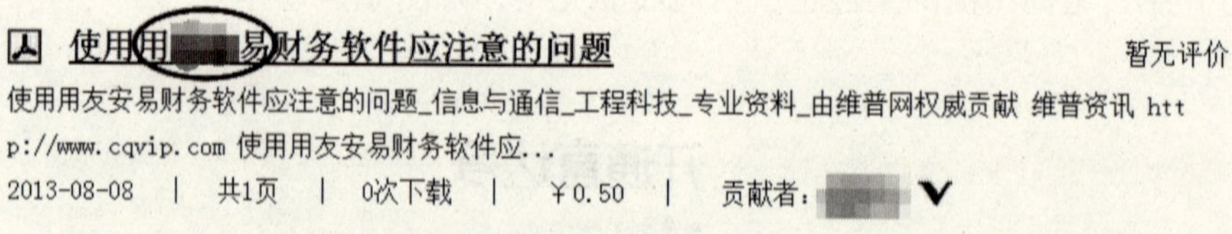

图 3-5 百度文库标题设置技巧

此外，还要注意下面的细节：

（1）标题**不要有广告意味**，最好选择比较含蓄的文档标题，如“加入 ×× 技巧大全”“购买 ×× 需要注意的事项”。

（2）标题**不要和已有的文档标题重复**，否则会难以被准确搜索到，如图 3-6 所示。

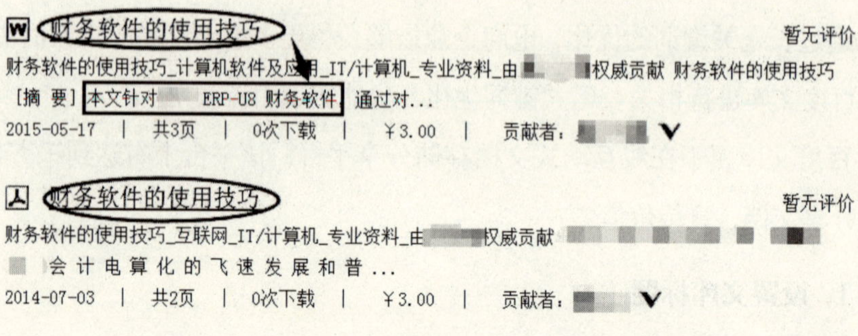

图 3-6 标题重复的文档很难被准确搜索到

2. 文库内容

想要让百度文库迅速收录企业的文案，并提升到较高排名，必须着力提升文章内容质量。

（1）最好**撰写或整理一些原创度较高的软文内容**。在百度文库中，以职场或生活内容为主题的文档较受网友欢迎，其次则属于网络推广方面的文档。通过博采众家之长，再引入关键词，就能打造出不错的营销推广。

（2）在软文中发布一些**外链**，从而提高链接的权重，但注意不要添加过多链接。

（3）文档**排版应美观**，首段空格两个字符，段落间距为 1.5 倍，字体为黑体或宋体，体现出规范的特点。

（4）文档字数要充足，不少于 1500 字，不低于 2 页。这样能够让用户感到阐述全面具体，深有帮助，才能阅读下去并给予评价。

（5）做到**图文搭配**，让用户阅读理解起来比较轻松。

（6）文档格式**以 PDF 为佳**，不要在文档中插入联系方式，如电话号码、微信号和 QQ 号等。

3. 注意事项

（1）用户习惯通过在文库分类中进行搜索来寻找文档，因此在选择分类时要做到准确对应，从而提高文档审核通过的概率。

一家留学服务的电商机构，分别在澳洲留学、英国留学、雅思考试等分类中都发布了文章，这就比简单地选择高中教育这一分类要好得多。

（2）可以利用百度允许**声明版权**的特点，在声明中加入作者姓名、公司姓名或网站网址。不过，在添加版权时，千万**不要用加粗、颜色等手段**加以强调。

（3）**百度文库文档排名受到网友评价、下载的直接影响，评价越好、下载越多的文档排名越靠前，因此可以通过多个小号来对文档进行好评。**可以通过威客网站或淘宝刷手的方式，组织团队进行阅读量、下载量和好评量的提升，也可以通过切换 IP 和清理 Cookies、加入百度文库互助群等方式进行免费提升。

（4）聘用有经验的操作团队负责发布，效率会大大强于企业本身团队。如果团队自己操作，应尽量**提高账号等级，账号等级越高，文档通过率就越高。**

3.1.5 百度网盘

百度网盘属于百度云中的重点服务项目，是百度力推的云存储服务。通过网盘，用户能够将自己的文件轻松上传到网盘，并可以跨终端随时查看和分享。

1. 热门资源引流

打开百度网盘首页，右上角发现“热门资源”。点击“热门资源”，并在其中“赞”和“评论”数量较多的资源后发表“评论”。将引流所使用的关键词插入这些“评论”，就能起到相应的作用。

2. 网盘引流

（1）**建立网盘**，上传有价值的资源。例如，最新影视资源、高品质音乐、高清图片等。

（2）**设置密码**，去产品推广对应的目标消费群体集中地（包括论坛、贴吧、微信群、QQ 群）进行发布。

（3）通过**话术和资源展示**，吸引到希望下载的用户，以分享网盘密码的方式获得用户的联系方式（邮箱、微信号等）。

3.1.6 百度贴吧

百度贴吧，无疑是目前国内人气最旺盛的网络讨论版。根据统计，贴吧引流能为电商带来 30 ~ 40 次 / 天的浏览增加量。

1. 选择贴吧

（1）不能选择人气太低的贴吧，否则无人问津；也不能选择人气太高的贴吧，否则很快就会被新帖子顶下去，增加跟帖、顶帖的工作量。

（2）要选和产品或服务内容相关的贴吧。

（3）同样的引流话题文章，在稍微修改之后，可以发到不同的贴吧。

2. 建立标题

尽量找能够引发各方意见、促成讨论的话题，要让网友迅速爱上这个话题，看到标题的文字就愿意点击进入去了解。

标题最好还要有一定的数据支撑，利用淘宝数据魔方、百度指数、新浪微博话题榜等，找到搜索量大的词作为标题的一部分。

3. 插入链接

（1）将所要发送的网址，通过缩短功能进行有效缩短（网址缩短功能在很多网站中都有提供，如 http://baidu.nu/ 百度短网址即有此功能），如图 3-7、图 3-8 所示，为短网址生成流程。

图 3-7 短网址生成（1）

（2）在短网址后加上问号、空格，随后加上 tieba.baidu.com，这样系统就会无法识别，不会被系统直接删帖，也不影响网址访问。

4. 内容管理

发帖内容要规避“微商、电商、加微信、联系方式、产品价格”等敏感词，无论是内容或标题，都不应出现该类内容。即便是回帖，也不要强调这些词，可以用艺术字体的方式来规避系统识别。

图 3-8 短网址生成（2）

5. 维护

发帖之后，要定时进行更新和维护。一旦有人回帖提问，就应该积极回答。即便没人回帖，也可以自行跟帖、回帖。

3.1.7 百度百科

百度百科是百度所推出的内容开放、自由的网络百科全书。其最常见的引流方式，是设置经常被搜索的关键词，并对该关键词作出描述、解释和介绍，在最后留上链接或网站名称。

具体需要注意的原则如下：

（1）要有充分等级的百科账号，这样你对百科词条的建立或编辑才会得到高效的认可和较高的通过率，一般推荐满级号即 15 级的账号进行操作。

（2）将想要发布的信息放在此条的段首位置。这样，百度搜索页面中就能够直接显示引流内容。

比较有意思的是，截止到 2016 年 5 月 13 日，在百度百科中搜索“百科词条”这一关键词，段首位置显示出的却是一家女性小说阅读网站的引流内容。这也可以看成引流方法的“活学活用”。

3.1.8 百度地图

利用百度地图标注，能够为本地线上线下商户提供新型引流途径。电商同样可以在百度地图上自主管理引流信息，让客户全方面了解并找到你。

1. 标注内容

在百度地图标注中心 http://biaozhu.baidu.com/#/，可以添加公司名称、地址、电话，以便目标用户能通过地图推荐的最快捷路线找到店铺位置。

2. 标注步骤

进入百度地图标注中心，在左侧“标注认领地点”“我的地点”“品牌连锁认证”中，选择所需要的标注功能，如图 3-9 所示。

图 3-9 百度地图标注中心功能

以最常用的“标注认领地点”为例，点击“标注认领地点”，在网页上方会出现“添加新地点”“认领我的地点”或“批量操作”，如图 3-10 所示。其中，“添加新地点”适用于地图上没有商户地点的情况，而“认领我的地点”则属于对已有地点的认领。

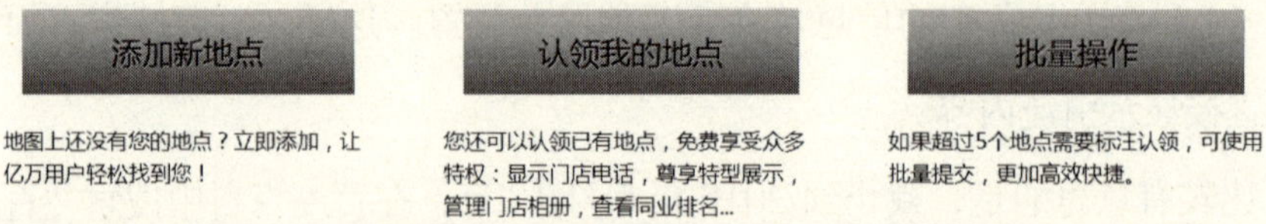

图 3-10　标注认领地点功能

（1）添加新地点，需要按照提示，输入地点名称、地址、精确位置、电话和所属行业，此外提交人姓名、手机号、门脸照片等也需要填写，如图 3-11 所示。

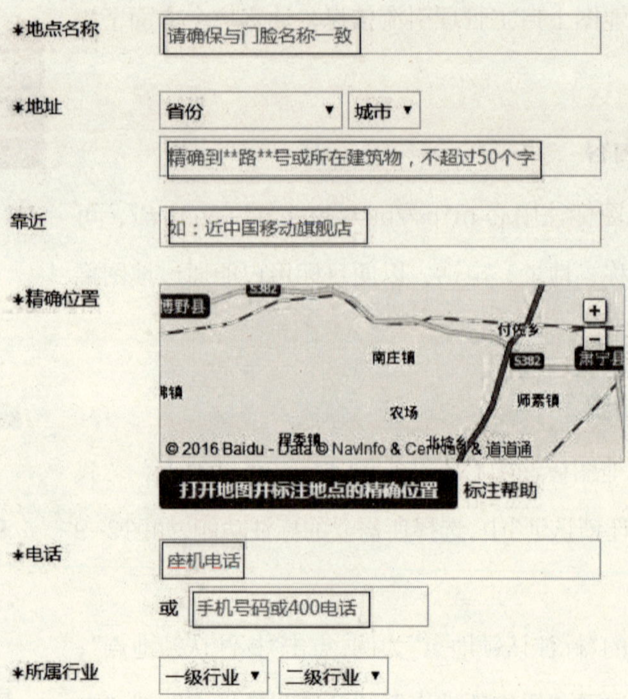

图 3-11　标注认领地点中的添加新地点步骤

（2）认领地点，则首先需要选择地点，随后提交认领资料，包括身份证照片、营业执照照片等，并等待审核反馈，如图 3-12 所示。

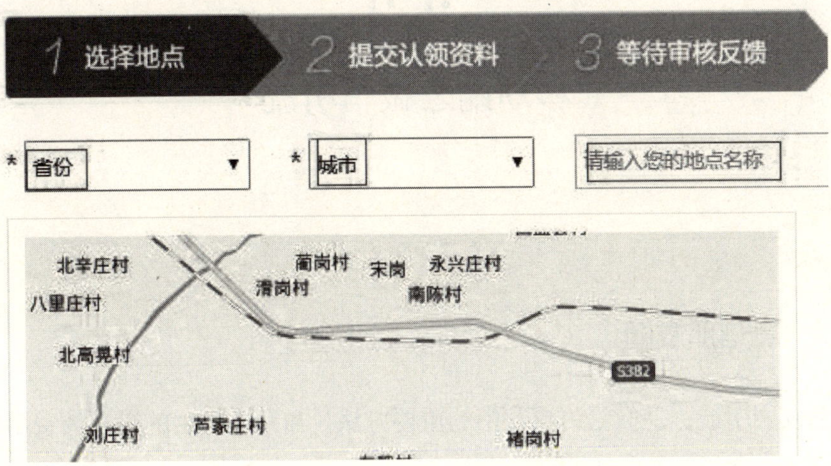

图 3-12　标注认领地点中的认领地点步骤

3. 优化原则

在百度地图上有了标注地点，并不代表引流成功，还需要注意优化。

（1）浏览量和停留时间。百度地图浏览量越高，百度地图排名就越靠前。最好还要有用户较长的停留时间，时间越长，百度地图排名越靠前。

（2）使用好的商户名称，**越短的商户名称，越能够让分散的搜索权重集中起来，百度地图排名自然会提升**。

（3）正确使用百度地图标签，能够提升商户和客户需求的相关性。

（4）如果条件允许，可以**组织团队收藏百度地图，收藏数量的增加，也会提升排名**。

3.2 移动端之微信引流

3.2.1 微信朋友圈

朋友圈引流，是微信引流营销的重要方法。当原本陌生的潜在消费用户看到朋友圈之后，能在短短时间内被其内容所吸引，朋友圈引流价值也就充分展现了。

1. 朋友圈设置

（1）朋友圈营销矩阵。商户可以让多个业务员或代理，各自建立不同的朋友圈，但微信账号可以由商户或企业提供，属于企业财产。

（2）每个朋友圈所管理、沟通和吸引的朋友群体，应该以 200 ~ 300 个为宜。

（3）朋友圈设计要有质感，包括背景图、名称、头像、个性签名等。背景图要把自己的优势产品、特色、联系方式等设计进去；头像要设置得高大上，并且是真人头像，给人以真实感。名称可以说出自己擅长做的事，如笔者的其中一个微信名为“金迹人 - 微谷教育发起人”。笔者朋友圈的个性签名即个人身份介绍，如图 3-13 所示。

图 3-13 朋友圈设计要有质感

2. 内容针对和延伸

（1）每天发布的条数应控制在 5 ~ 8 条。既不能太多，打扰到用户，也要确保他们偶尔看朋友圈时能发现。

（2）朋友圈内容应包括新品信息、优惠信息、对消费群体的产品知识普及和产品有关的信息普及等。

（3）分享生活。例如，自拍照、风景照、生活中美好的内容等，让朋友圈多姿多彩而有血有肉，保持充分的正能量，同时也要有较为优雅、高档次的个人形象。此外，朋友圈视频分享要注意分享精彩内容，6 秒的时间不要分享无聊内容，这样会被别人屏蔽。

3. 朋友圈应有特色

（1）要有个性内容。不要一味复制其他代理或你上级渠道的聊天记录、产品介绍和图片，而是要围绕自己产生的交流和反馈实际。一开始可以没有顾客，可以自己建号进行对话，或者让你的朋友拿着产品拍摄图片。

（2）要有发货截图，包括商户每天发货的单据、产品包装，以图片和简单文字的形式展示在朋友圈，造成销售火爆的场景。

（3）加入感想。即站在顾客个体角度，像朋友分享那样介绍产品，而不是一味复制书面的广告词。坦诚的内容，会吸引来真正想要购买产品的用户。

3.2.2 微信好友

据调查，目前使用手机的人群中起码 90% 拥有个人微信号，如何将用户精准地通过微信好友引入营销覆盖范围，值得深入研究。

（1）主动添加好友的弊病在于缺乏精准度，即便如此，日积月累带来的业绩依然比较可观。可以让业务员一有时间就搜索“附近的人”，根据性别不同来选择是否添加。

（2）进入和产品有关的精准 QQ 群，将有需求的用户加为好友，然后再从 QQ 中将好友导入微信。利用论坛、微信群、邮箱也能够做到这一点。这种引流方式需要花费时间和精力去融入新集体。

（3）互推。当朋友圈或好友人数达到一定级别时，可以找同样级别的人进行互推，进行粉丝交换，实现精准用户的倍增。

（4）推荐。关注和目标消费群体较为接近的自媒体人，最好是比较有影响力的大号，观察其微信公众号或微博的真实流量，付给其一笔广告费，并请他带来直接的粉丝流量。

（5）软文。在互联网知识分享平台、问答平台上分享干货，只要真正具有价值，伴随文章在网络上的传播，也能够主动吸引来大量粉丝。

（6）实物。通过互联网平台，策划发放实物的活动，例如，领取水果、手表、化妆品等，引导用户群加为粉丝好友。

（7）红包。以发放红包的方式，利用微信群或朋友圈进行信息扩散，并得到更多微信好友。这种方式的问题在于不够精准，同时需要付出相应的红包成本。

3.2.3　微信公众号

相比需要不断添加好友的“微信好友”和“朋友圈”，公众号能很好地实现自然增粉，经常每天都能带来几十个甚至上百个增长的粉丝。如此高速的引流渠道，自然要善加把握。

除了利用微信好友所常用的引流方法之外，公众号引流还可以采取如下方法：

1. 为公众号取个好名字

名字要能覆盖到产品或服务的价值，突出关键字，随后再利用上传公司资料等方式，进行微信公众号的认证。经过认证后，微信排名自然将会靠前，这样被精准用户群体搜索到并关注的可能性就会大大提高。

2. 提升内容

着力加强微信公众号内容的打造，既突出原创价值，也要以紧跟流行话题、图文并茂等方式来吸引用户、推进转发，这样会更好地利用内容来吸引关注。

3. 线下活动

在会员卡、购物券上印刷公众号二维码，并精心制作其外表样式，不仅能够提高消费群体的切身体验，还能方便他们扫码、关注公众号并获取优惠机会。

4. 第三方应用

通过微信公众平台开放接口，接入第三方应用，这样能够让公众号方便地调用第三方应用，进行内容选择和分享。

5. 利用原文阅读

对微信公众号里每篇文章末尾的“原文阅读”进行充分利用，在文章中采取文字和图像结合的引导方式，以便用户能通过点击“原文阅读”进入企业的电商网页。

3.2.4 微信群

通过微信群为电商引流，最大的难题是需要花费时间和精力成本，如果不能在短期内就获得微信群内精准用户的信任，就很难将他们从“鱼塘“中钓出来了。

1. 大量加群

无论采用什么方法，广泛积累微信群。如果能够加入数百个微信群，电商企业面对的将是数以千计的精准用户。

（1）购买群二维码，即通过直接购买的方式加群。

（2）相互推荐，进入当地微商 QQ 群或论坛，共享彼此受众的微信群。

（3）利用业务员分头行动的力量，同时加入不同微信群，再进行汇总共享。

2. 群发软文

利用微信群发软件，将已经准备好的软文文字和图片同时发布在不同的微信群中。这样能够显著提高引流效率，让一篇软文在短时间内产生数十倍的引流效果。

3. 提炼话术

利用不同微信群内用户的心理需求特点，站在他们的角度，或提出问题，或陈述事实，营造不同的吸引力。

一家经营母婴用品的淘宝店铺，在女性为主的群中，使用的话术是“各位妈妈，最近我家宝宝需要更换奶粉了，不知道哪款奶粉对补充微量元素更好”，而在男性为主的群中，使用的话术是“老婆总担心孩子缺钙，你们碰到过这种事没有”，由于结合了用户的需求特点，发挥了良好的作用。

3.2.5 微信漂流瓶

目前，微信漂流瓶用于营销引流的并不多，从另一方面来看，这也预示着其中所蕴藏的巨大机会。很多人微信没有开启漂流瓶，可通过微信→我→设置→通用→功能→未启用的功能→漂流瓶来开启漂流瓶功能，如图3-14所示。

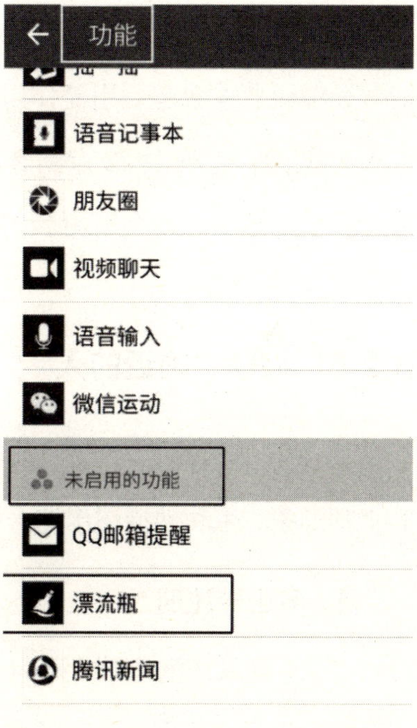

图 3-14 开启漂流瓶功能

1. 设置头像

漂流瓶唯一能表达身份的只有头像，因此不妨将漂流瓶头像设置成真实可信的美女头像，对于异性或同性而言，会有不同的吸引力。如果企业有不错的 Logo，并能准确传达产品特点，也可以尝试设置。

2. 签名设置

漂流瓶签名不要太过夸张，具有适当的吸引力和充分的创意很重要，尤其是内容的表达，应该有趣、幽默，语言精练而夸张，这样用户才会点击打开留言。

例如，“去哪里买合适的夏装才能对得起自己的身材呢”“假期要到了，我又在团购 ×× 旅游产品，跟我一起去玩吧”等。

3. 捞瓶子

引流的同时也可以完成每天的捞瓶子额定数量，可以对之回复再扔回去，如果回复的产品或服务内容让对方感兴趣，也能起到主动引流的作用。

4. 时间选择

扔瓶子要设置准确的时间点，在用户有充足时间、稳定心情去玩漂流瓶的时候，漂流瓶才会起到引流作用。

一般而言，晚上 22 点到 23 点是漂流瓶的黄金时间，这个时间段无论是扔瓶子还是捞瓶子，都会有更多的收获。

3.2.6 微信“附近的人”

用微信“附近的人”引流，在电商界俗称“站街”，名称似乎不雅，但事实上却形象、生动地描述出这一引流方式的特点：时间长、范围大、地域精准。

1. 多账号注册

（1）可以在淘宝购买 3~4 个月以上的微信号，价格很便宜。购买之后解绑原有手机号，确保此后能够长期使用。

（2）使用付费软件，自动获取手机验证码，注册微信。

2. 完善账号资料

对微信号进行资料完善，包括完善 ID、签名、性别、头像，并绑定 QQ 和手机，最好同时绑定网银，花费几块钱购买一份财付通的理财产品。

3. 寻找附近的人

（1）新号运行的前两周最好不要急于寻找“附近的人”，也不要通过“摇一摇”来引流。即便账号已经稳定安全之后，也需要避免大量更换登录设备，尽量只在 1~2 个设备之间轮换使用。

（2）新号养成后，在“附近的人”中的站街时间可以逐渐增加，从 10 分钟左右开始递增，也可以手动打招呼 1~3 个人。

（3）安全度过系统检测期，成为正常微信号后，可以在“附近的人”中长期站街。

3.3 移动端之 QQ 引流

3.3.1 QQ 群

QQ 作为腾讯公司的起家产品，无论在 PC 端还是移动端，都已经相当成熟。传统电商早期，就有人利用电脑端的 QQ 空间、QQ 邮件进行引流，基于移动端 QQ 的电商营销，更是在近年迅速成长。

其中，利用 QQ 群吸引精准粉丝，是行之有效的良好方法。

1. 寻找并确定 QQ 群

在移动端 QQ 的“找群”功能中，搜索对应的关键词。例如，明确知道精准消费群体是喜欢骑行的青年人群，而这些人大部分集中在类似骑行、户外等 QQ 群内，就可以在“找群”的搜索框中输入类似关键词查找，如图 3-15 所示。当然，也可以在“附近的群”里查找相关 QQ 群，如图 3-15 所示。

注意，为了防止加入广告群，可以重点挑选那些标明有活跃字样的 QQ 群加入。通常情况下，这些群都不会是广告群。

另外，同一个 QQ 号，一天内不要添加超过 10 个以上的 QQ 群，否则会被腾讯系统限制你的添加权限。

图 3-15　精准寻找 QQ 群

2. 群文件

提前利用文档形式，写出和群主题相关并能够引向产品、服务的经验类软文，在文章结尾处留下联系方式，然后将其上传到群中。这样的软文既能够帮助群友，也可以吸引他们主动添加你为好友。

3. 和群主成为朋友

不少群主在建立 QQ 群时目的很单纯，只是为了爱好，他们自己也并没有商业化的打算。为此，你可以专门送给他们一套产品服务，或者为他们充话费、发红包等。成为朋友之后，就能够有更大的引流空间了。

你还可以提前查看群主的 QQ 空间，看看是否有广告痕迹，从而判断这样操作成功的可能性。

4. 自建 QQ 群

（1）设置 QQ 群名，布置好关键词，注意，尽可能挑选不同种类的关键词，围绕同一个产品或服务，方便不同网友通过不同关键词查找到 QQ 群。

如做本地烘焙西点在线销售的电商，群名称可以为“× × 市甜品烘焙西点吃货群”，这样无论是希望能品尝还是学习同类产品的人群，都能很快搜索到该群。

（2）提升 QQ 群排名。QQ 群排名受到人数和活跃度的影响，在刚建立群的时候，可能缺乏足够的人气。此时，可以通过在淘宝购买“僵尸粉”加群，既能够充实数量，也可以加快群排名的提升。

（3）带动气氛。当人数越来越多之后，为了获得更快的排名提升，群主可以每天花时间带动气氛，让群友互动起来，这样排名就能逐渐靠前。还可以加入其他群，然后将其中群友添加进新的讨论组，再发送二维码，将他们引导加入新群。

（4）发布群公告。可以以群公告的形式告知成员某项活动，以达到引流的目的。

3.3.2 QQ 账号

一个好的 QQ 账号，本身就是引流的利器。即便 QQ 在手机上登录，也能够发挥传统互联网时代其所具有的引流作用。

1. 头像、昵称、签名设置技巧

头像、昵称和签名，是 QQ 号引流的入口，需要根据营销内容性质进行设置。最好能够满足下面三个要素：

（1）头像。明确表达产品或服务内容，让陌生人一看就知道你是做什么的。例如，经营数码产品的店铺，头像设置成为美女帅哥，显然没有设置成一台最新推出的 iPad mini 4 有价值。

（2）昵称。告诉陌生人能从你这里获得什么。可以直截了当地用“在线 ×× 服务”“×× 产品经销”，这比其他不着边际的网名昵称更有效果。

（3）签名。告诉别人你能够帮助他们解决什么问题。如一家经营教育类图书产品电商的服务 QQ 号，签名为“提供成人考试图书产品优惠订购咨询服务”。

注意，签名应当和你的 QQ 号紧密配合，以便起到相互联系映衬的作用。

（4）说说。将 QQ 个性签名和空间说说设置成为同步，只要进行了说说的更新，个性签名也会随之更新。在移动端，你的 QQ 头像也会以粉色显示，当用户翻阅手机 QQ 好友名单时，就能一目了然地看到你。

2. 提升 QQ 排名技巧

（1）在对方好友列表中，排名最靠前的是 QQ 超级会员，其次是普通会员，可以考虑付费来获得这样的会员资格。

（2）如果不希望付费，那么可以考虑用阿、爱开头的汉字或者 A 字母开头的英文单词设置昵称，这样 QQ 号排名也能得到提升。

3.3.3 QQ 空间

QQ 空间内容丰富，只要操作得当，能够传达的信息含量相比微信、微博和 QQ 账号本身都要高不少，自然也能起到更大的引流作用。

1. 送好友礼物

可以批量发送QQ好友礼物，每次最多可以同时发给7个好友。送礼物之后，用户登录QQ就必须阅读留言内容，并强制点击才能消失。

在留言中，可以加入赠品链接、微信公众号或者回复关键字获取赠品等内容。即便不是节日或好友生日，也依然可以进行送礼物操作。

注意：礼物不要发送得过于频繁，否则腾讯会将QQ账号认定为恶意操作并进行封号。

2. 提高空间曝光率

（1）可以在个人资料中将生日日期不断更改，设置为离当下时间最近的一天，这样头像和昵称信息就会持续地出现在用户的空间中。需要注意的是，这样的曝光只会出现QQ昵称的前四个字，如将昵称改为“销售鱼竿”“奢品代购”等类型，效果会更好。

（2）邀请转发。邀请网友转发日志和说说，可以通过赠送2元话费或积分兑换小礼物的方式，促成QQ好友对日志的转发，这样就能大大提升空间浏览量。

有微商曾经在QQ空间进行过这样的活动：列出简单的数学题，并邀请别人回答问题和转发，只要转发都能够获得免费的《微商创业一百问》电子图书，该活动开始后吸引了上百位好友转发，50多位好友评论。

（3）每天更新。每天至少要发布5条说说、1篇日志，这样好友就能经常看到你的信息了。

更新时间分布如下：

①早上6-7点，发布1条说说，此时绝大多数好友还没有起床，

无法发布动态。

②上午 11：30、下午 5：30，下班时间段，分别发布说说。

③午饭和晚饭时间段，分别发布说说。

④晚上 9-11 点，发布日志。

3. 空间搜索引擎优化

QQ 空间在各大搜索引擎中都有较高的权重，对其进行优化也比较容易。不妨按照下面步骤进行：

（1）挑选比较新的 QQ 号码开通空间，回避老号码空间的历史干扰。

（2）从百度指数中选择排名较低的关键词，组成空间的名称、简介或个人资料。

（3）设置权限，即将 QQ 空间设置成为所有人可见，这样才能被搜索引擎的爬虫工具发现。

（4）去较为大型的门户网站发布 QQ 空间链接，引发爬虫工具的搜索和获取。例如，在搜狐、新浪、网易这些网站中发布外链，QQ 空间被百度等搜索引擎收录的速度就会更快。

4. 发布

利用空间设置，可以将说说、日志分别同步到微博、分享到微信朋友圈等，以及发布到附近动态、说说墙、求赞墙上。这样能够实现被动引流截流的效果。

还可以花钱请大 V 或流量大的空间进行转发或推荐，很可能转发一次就带来几千流量。另外，加入空间互踩互推联盟，也会有逐渐积累的效果。

3.3.4 QQ 日志

QQ 日志的引流方法有很多，比较有操作价值的有如下几个：

1. 提高日志浏览量技巧

在 QQ 空间发表软文等日志之后，记得要每天都重新编辑下文章，不需要改动太多，只要改动几个字，然后点击“更新动态”，日志就会又被系统判定为新的文章，并推送到好友的空间中，重新出现在置顶位置。

发布新的日志时，可以对较为熟悉的好友进行主动 @，这样，精准用户会轮流看到你最新发布的营销内容。

2. 点赞

（1）对 QQ 好友的日志进行点赞。需要注意的是，不应过早点赞，否则会导致头像和昵称因后来者刷新而消失。

（2）可以取消原有的点赞，重新点赞，从而继续展示在最前。

（3）切忌在手机中采用点赞辅助软件，否则无法展示 QQ 昵称。

3. 评论

（1）每天对 QQ 好友的说说进行手动评论，无论对方是用电脑还是在手机端登录 QQ 空间，都会看到留下的营销信息。

（2）注意收集那些人气高的 QQ 空间，认真读完文章，并写出内容丰富、态度认真的评论。这样就能吸引到新的用户访问你的空间，或申请加你为好友。

3.3.5 QQ 相册

QQ 相册引流，可以用直观的形象来吸引用户，相比文字引流能有更高的效率、更加显著的价值。

1.“圈人”引流

（1）登录 QQ，进入 QQ 空间。

（2）进入后，找到 QQ 好友发表的带有图片的说说，并点击图片进入大图，在右边找到“…”的标识。

（3）点击“…”后，会出现“圈人”选项，如图 3-16 所示，点击“圈人”，图片中会出现对话框，如图 3-17 所示。

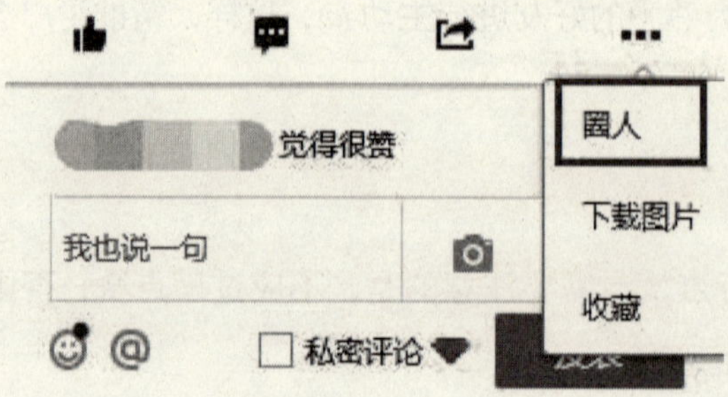

图 3-16 “圈人”选项

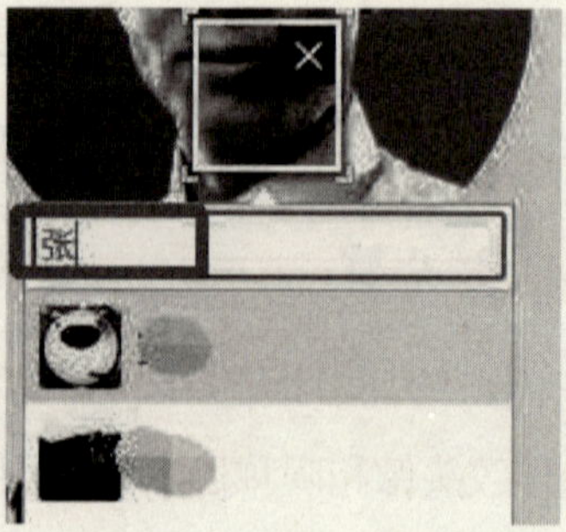

图 3-17 “圈人”对话框

（4）选择和人物形象对应的 QQ 名，圈人成功。

（5）返回中心，就能看到照片上带上了链接，直接点击就能进入相应的 QQ 空间了。

圈人成功之后，营销 QQ 号昵称就能够在好友的说说中显示了，这样对方的好友不仅能够看到营销 QQ 号，还能够直接进入空间，这样，引流的目的便顺利达成了。

2. 图片引流

每天分时间段上传产品或服务有关的图片进入相册，这样，在好友的空间中便会不断推送这些图片。

可以重点上传的图片包括以下几种：

（1）产品图，包括产品生产过程、成品外形、使用过程、维护过程等。例如，食品怎样从原料加工而来、如何确保健康安全等。

（2）文字介绍。和价格有关的优惠、购买流程等，将文字制作成图片上传到相册中。如一家成人用品电商利用粉色字体和暧昧图案，打造了能充分吸引消费人群的相册。

（3）客户反馈。客户对产品的好评、购买前咨询的聊天记录等。如一家体育器材电商正是利用群聊天记录，用良好反馈吸引了更多的代理商。

（4）付款凭据。客户购买时转账界面的截图，如微信支付、支付宝收款等。

（5）发货凭据。如发货前的包装外形、发货快递单据等。原本默默无闻的代购类电商，正是利用这些照片在短时间内营造了供不应求的强势营销形象。

3.3.6 QQ 邮件

无论是自建群或第三方群，都可以利用群邮件来引流。

1. 对于没有开通群邮件的 QQ 群，可以选择下面的方法

（1）加入精准用户群的 QQ 群，然后选择其中的 QQ 群图标，点击右键，访问群空间。

（2）点击其中“我的群”，然后显示 QQ 号加入的所有 QQ 群，随机选择其中一个。

（3）点击“群成员”并进行复制，如果人数太多，可以分批次复制。

（4）在 PC 端访问 http://tool.oschina.net/regex/ 网站，将复制的 QQ 群成员号码粘贴进去，并点击网页右侧的“匹配腾讯 QQ 号”。

（5）将 QQ 号码全部复制下来并打开 QQ 邮箱，利用 Ctrl+V 快捷键，粘贴 QQ 号码到收件人栏，写信并完成发送。

2. 明信片

（1）在 QQ 邮箱中找到明信片或是贺卡功能。

（2）进入明信片，选择“自定义”。

（3）编辑营销内容，包括添加自定义主题内容的照片和文字，或者直接推广网站链接等。

（4）导入精准用户的邮箱，将其地址直接添加到收件人中，一般一次能够发送五六十个，每隔 2 分钟可以操作一次。

3. 邮件内容

一些较为成熟的电商，习惯于在邮件内加入店铺链接。然而，邮件内容毕竟和网页不同，其阅读环境是封闭和独享的，如何优化内容以引起用户兴趣呢？

（1）邮件内容应该符合中国人的上网习惯，形式必须清晰，但内容要较多，造成信息量丰富的感觉。

（2）外形上，要设计成为 2： 1 的网页布局格式。

（3）如果电商公司开通了 400 服务电话，或者有微博、微信，一定要确保这些信息出现在邮件最下端。

3.3.7　QQ 漂流瓶

QQ 漂流瓶以匿名消息的形式出现，吸引了许多腾讯早期用户进行陌生人社交。电商一样能够利用该功能进行细致引流。

1. 增加次数

增加扔瓶子和捞瓶子的次数，能够扩大流量拓展的基数。

一家电商最初采用随机参与漂流瓶的原则进行，收效不大，后来将 QQ 漂流瓶工作引入业务员任务考核中，结果，短期内每个业务员利用数量各自不同的 QQ 号，达到了每月上万次的漂流瓶引流任务，数据相当可观。

2. 提高准确性

根据电商产品或服务的性质，选择不同的漂流瓶类型。例如，较为公开、传统的产品，可以采用普通瓶，和隐私相关的可以用交往瓶，与地域服务有关的可以用同城瓶，希望能够引发二次传播的可以用传递瓶等。

一家主打本地 O2O 家政服务的互联网创业企业，就准确地利用了同城瓶，做到了一对一营销的规模化成功。

3. 内容广泛性

在漂流瓶中，传递瓶针对的营销范围最广，营销目标也最多。可以专门利用社会热点话题、明星八卦、正能量事情、爱国意识、幽默文字等，组成容易吸引用户眼球的事情，并在文章后加上“想要了解更多，加 QQ 号（或微信）……”等。

3.4 移动端之微博引流

3.4.1 微博话题

不少电商曾经想过用新浪微博来引流，但苦于缺少粉丝，看不到多大作用，很快就放弃了。实际上，即便没有多少粉丝，只要正确利用微博话题，也是可以吸引到很多流量的。

1. 话题

所谓话题，就是微话题，在发布微博信息的时候，要提到某一个话题，就要用#话题的名字#这种格式进行发表。发表完成之后，会展现在对应主题的微博主页，该主页中展现的是所有和该话题有关的微博。

如某减肥产品经销电商，经常轮换使用的话题有#减肥#、#随手拍好身材#（如图 3-18 所示）、#女人#等，这些话题主页的阅读者大都是有减肥需求的人群，实际上也正是产品的潜在消费群体。

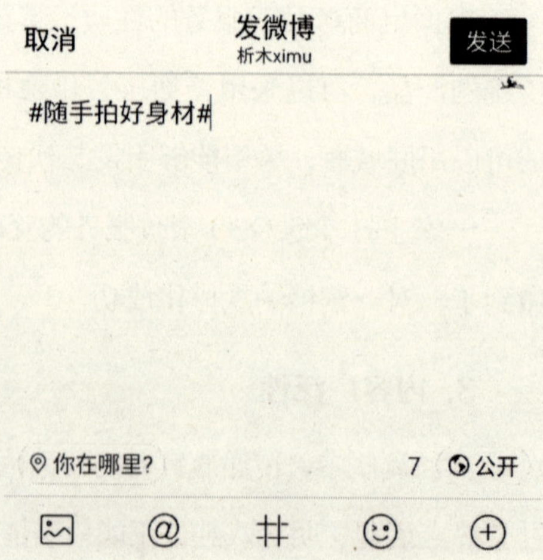

图 3-18　微博话题营销

另外，要对话题进行每天更新，可以结合与自己产品有关的各种话题，注意要有好的内容和吸引人的图片。

2. 关键词介绍

在话题之后，要有一段关于所发布视频或图片的文字介绍，重点围绕关键词内容（很可能是话题）进行介绍。

例如，操作一个和剃须产品有关内容的营销账号，目的在于吸引男性流量，那么，微博的文字正文就要包含男神、创业、健美、职场、逆袭、高帅富、校草等关键词。

3. 视频、图片和正文

图文结合或者视频文字相结合的微博，才会更加吸引人，并赢得点赞与转发，得到更多的粉丝和流量。为了提高转发量、阅读量，从而提升微博搜索的排名，要尽量找质量高的图片和视频。

4. 多号互推

在微博话题的最后部分，可以 @ 小号，所谓小号，是指电商的其他微博账号。@ 小号，目的不在于提到这个账号，而是要让小号也能够搭上转发、评论所带来的流量，进而成为新的关注目标。

这种多号互推的好处，可以在一定程度上增加流量总量，覆盖到不同的关键词。

5. 评论

（1）手动回复或者直接 @ 精准用户，这种方式引流非常有效，转化率虽然高，但花费时间多、效率比较低。

（2）利用微博工具，找到精准人群，实现自动采集和回复，这样能够既精准又提高引流效率。

3.4.2 微博工具

在新浪和腾讯微博系统中，官方提供了不少工具，便于博主进行管理和与粉丝互动，其中，以下这些值得多加利用：

1. 微活动

利用这一应用，开展微博活动。例如，某母婴产品类电商，先在线上发布“宝宝爬行比赛”的活动信息，然后集聚人气，并最后进行了线下组织的活动。

通过类似活动，不但可以引流，而且能增强既有客户群体的黏性，并能够进一步推销网站，达到引流的作用。

2. 微博红包

2016年年初，新浪微博推出红包活动，即推出红包的微博ID能够出现在公众首页上，而想要抢红包的用户必须首先关注该微博。为了避免取消关注，可以先发一条微博，内容类似“转发并加微信或QQ，×月×日开奖，奖金×××元”，这样往往能够挽留不少拿走红包就取消关注的粉丝。

3. 微博周边

新浪微博中的“周边”功能，类似于微信中“附近的人”，也能够帮助基于地理位置进行营销的电商吸引某个区域的客流。可以针对附近客流的特性，专门申请并维护一个微博号，然后主动对附近的微博进行评论，并用头像、昵称来吸引他们回访你的微博。

需要注意，给周边人的评论必须要有价值、精彩而且深刻，最重要的是，还应带有充分的本地特色。

4. 抽奖活动

转发抽奖是在微博引流中屡试不爽的活动，新浪微博有专门的转发抽奖助手，利用这个工具，电商可以在微博平台做一些活动。具体操作步骤如下：

（1）在微博搜索“微博抽奖”，可以找到“微博抽奖平台”的账号，点击进去，如图3-19所示。

（2）在“微博抽奖平台”账号左上角找到“抽奖平台入口”，点击，如图3-20所示。

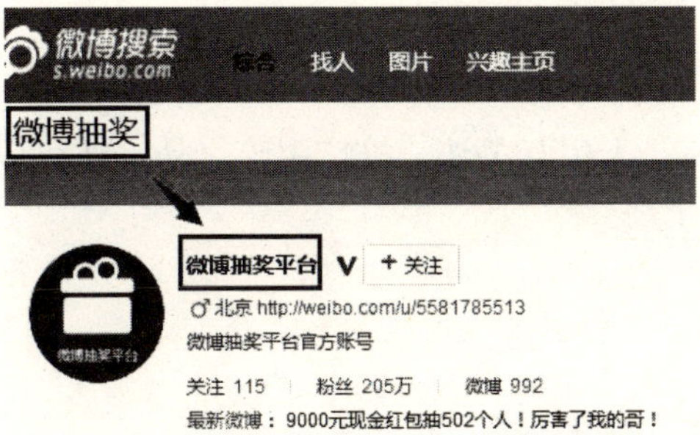

图 3-19　搜索“微博抽奖”

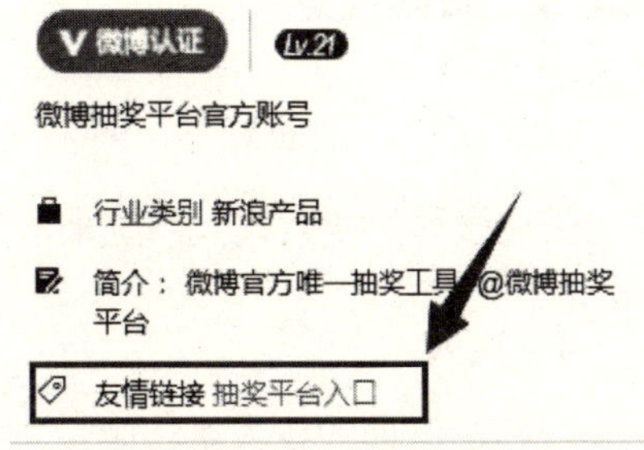

图 3-20　进入“抽奖平台入口”

（3）在抽奖平台中，可以自由选择相关微博进行抽奖活动，以吸引粉丝关注，如图 3-21 所示。

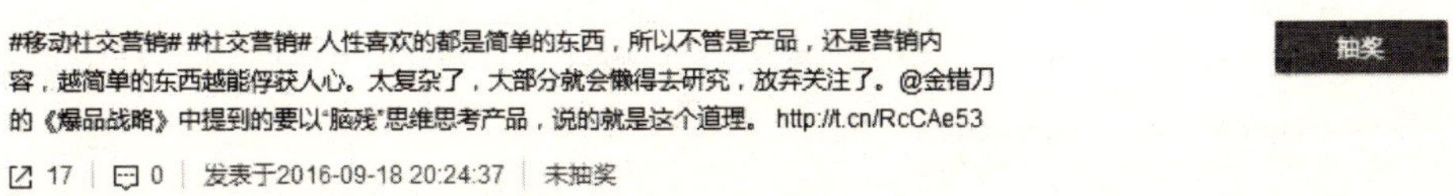

图 3-21　选择微博进行抽奖

例如，如果你的客户是青年女性消费群体，不妨发一条微博介绍你的产品（即奖品），此外还可以增设一些年轻女性喜欢的东西，例如，抱抱熊、手机壳、发饰等，随后发布出来，再 @ 几位好友进行转发，微博内容上一定要强调只有转发才能获得奖励。

虽然奖品的实际价值并不高，但因为带有社交性和趣味性，所以经常会带来不少的关注流量。

3.4.3 微博搜索

除了可以和亲朋好友、同事同学等熟人相互关注、推广引流之外，还可以通过新浪微博的搜索找人系统来增加粉丝。

1. 找人

在新浪微博的找人系统中，有下面三种搜索找人的方法：

（1）快速找人。可以直接在其中搜索找到熟人、同学、同事，或者根据邮箱、MSN 联系人找人。这部分用户是电商营销团队能快速找到的熟人或者是有间接关系的人，他们将是最忠实的粉丝。

（2）找到感兴趣的人。这部分用户主要是根据营销者的教育、工作、个人标签等情况进行系统自动匹配，大多是本地粉丝。这种搜索方法能够让微博博主成为他们的粉丝，但依然需要进一步互动转化，才能让对方成为你的粉丝。

（3）找到名人明星。这种搜索内容能够让你多关注一些明星，并因此能在共同的爱好人群中发展用户。

2. 高级搜索

（1）“微博关键词”：在微博内搜索目标客户时，搜索框输入的关键词必须是目标客户的核心关键词，例如，“奶粉”的目标客户是年轻父母，所以可以搜索关键词“我家宝宝”“我家小宝”“我家女儿”“我家小孩”等。

（2）昵称关键词：同样是奶粉产品，很多用户喜欢以宝宝的名字开头命名，例如，××的妈妈，所以在搜索目标客户的时候可以搜索“妞妞妈妈”“仔仔妈妈”等！

（3）年龄/性别：以奶粉产品为例，25~35 岁成年女性大多初为人母，也是目标客户的一部分，可以在微博搜索框内按照年龄、性别搜索。当然，不同的产品需求的年龄不一，可以按照实际情况具体选择。

（4）地区：有明显地域性的产品，如生鲜配送、特产等，可以通过所在地搜索目标用户。

3.4.4 “借力”引流

微博开放性，不仅在于个体用户之间的交流，还体现于其公开、透明的特点。利用该特点，可以做到在微博平台上“借力”引流。

1. 从对手处引流

有必要多关注竞争对手，并从对方的微博活动、评论、转发中，寻找其客户群体。截流微博粉丝，进而培养精准客户，是相当不错的选择。

需要注意的是，竞争对手不一定就是同行。比如做公务员考试培训的电商，其竞争对手不一定是做同类型考试的，研究生考试、注册会计师考试等行业培训，其微博都值得关注和互动。

2. 从行业大腕处引流

许多电商行业都有了先入为主或自带资本光环的成功“大腕”，不妨多去和他们的微博互动。例如，做化妆品、面膜类型产品的电商，必须关注聚美优品的微博，因为其粉丝很有可能是你潜在的目标客户，可以从中挑选关注并进一步互动，形成客户关系。

3. 利用大 V 效应

如果你的产品和微博大 V 所发内容有关系，也可以尝试着去评论、转发其内容，并将产品与之相联系。另一种方法是利用红包来打赏大 V，并将头像和昵称改为适合营销的引流内容，这样就能出现在打赏名单中，巧妙地发挥引流作用。

3.4.5 微博互动

微博是一款移动社交工具，想要做好微博引流，就要与粉丝积极互动。

1. 关注对方

主动出击，关注年龄、性别、工作经历、教育背景接近于消费人群的微博用户，只要对方不是“僵尸号”，就会礼尚往来同样关注你的号。

2. 给对方提供有帮助的评论

不要直接在别人的微博评论中发广告信息，因为这种硬广的传统做法非常令人反感，易导致信任消失。而应尽可能地在互动中提供能够帮助他人的实质性建议。

3. 线下导入

可以收集线下实体店的会员资料，以手机号码、QQ或邮箱导入的方式，形成微博粉丝群组。在发布新品或者举行活动时，提前用@功能提醒他们。

3.5 移动端之App引流

3.5.1 信息推送

一些电商在开发和利用App时，对推送消息相当重视，但却缺乏足够清楚的规划脉络，往往是不分青红皂白地全部推送，结果导致对应用户不精准，很快就会出现被用户屏蔽或卸载的现象。那么，App到底怎样有效推送，才能起到引流的作用呢？

1. 内容定位

推送内容要结合产品定位来衡量。App 推送内容，基本原则是或者实用、或者好玩，能够引起关注。

电商 App 很容易被产品或服务的适用性所局限，不可能做到引发全民关注，这样就要结合产品核心展示的消息，或者是组织活动、进行宣传，或者是积极促销等，利用夸张的修饰词来引起用户的好奇心，让他们有点击并了解的愿望。

2. 时间定位

确保推送时间不打扰用户。下面的时间点比较适合进行 App 推送：

（1）早晨上班前半小时、晚上下班后 1 小时，可以适当推送，但不能更早或更晚。

（2）结合时间点的场景。例如，一家做企业管理系统软件的电商，通常在用户下班前后推送第二天的管理工作日程表。又如一家餐饮类 App，通常在早餐时间推送当天早、中、晚三餐的推荐饮食搭配等。

（3）要注意推送频率。一般不要每天都推送 App，基于用户心理对 App 的看法，应将其更多定位为软件工具，而不是社交工具。可以每个月推送一两条，或者结合行业特点推送（如电影类相关服务电商，可以每周推送一次本周观影指南）。

3. 用户定位

（1）对用户进行画像。画像包括其地域、偏好、性别、年龄、社会地位、地理位置等，尤其要分析用户对产品的需求频次以及消费能力等。这是因为 App 通常直接捆绑消费，转化过程很短，通过推送消息，引导用户注册或完善资料等，就能够进行数据分析、建立数据库。

（2）结合用户兴趣。通过用户曾购买过的产品或浏览历史，来推送其很可能感兴趣的产品。例如，一般买了笔记本产品的用户，很可能会有购买鼠标、散热器、键盘膜等配件的需求，App 就可以在推送消息时加入这些产品的图像、功能、价格等，刺激相关用户关注。

（3）个性化推送。针对不同用户，要结合用户特点进行内容的个性化修改。例如，同一条消息，针对比较成熟的用户，可以用严谨的表达方式如“××先生，您关注的商品已经降价了”，而对比较年轻的用户，可以采取轻松活泼的语气推送，如“嗨！亲爱的 ××，你想要的商品降价了哦”。

3.5.2 App+LBS

LBS 是英文 Location Based Service（基于定位的服务）的简称，这种服务能够让 App 用户发现身边的事物，在强调尊重个性化的时代，能够将营销范围控制在用户身边，对其是一种强大的吸引力，能让他们感到自身价值所在。

LBS 引流，要注意以下方法：

1. 向不同区域分享不同信息

用 App 发送产品更新信息很常见，加入 LBS，能够发送不同的优惠券、活动或者产品信息给同一个 App 用户。利用独特的文字、照片或者其他服务，结合不同价值，选择分享给特定的用户群体，如图 3-22 为今日头条根据不同区域（北京）用户推送的信息。

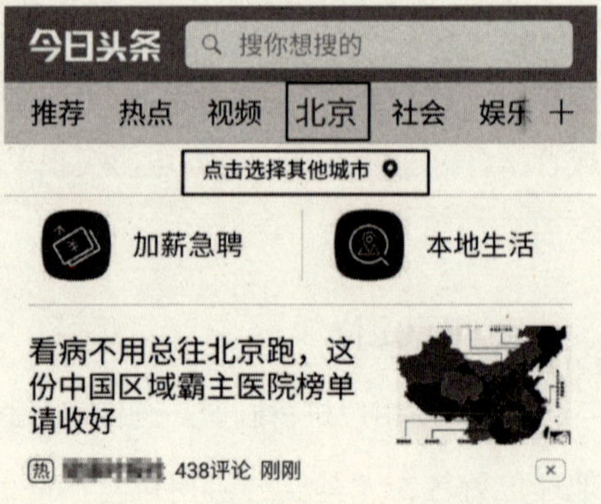

图 3-22 App 根据位置推送信息

一家餐饮连锁店，在其 App 中针对不同城市顾客群体的饮食习惯、文化特色，分享的信息也有所不同，成功地迅速融入当地商业圈。

2. 尽量融入社交元素

电商类 App 如果不加入社交元素，LBS 就会难以发力。

可以让新老用户基于地理位置，在 App 上进行留言互动，或者形成同区域用户群体等。这样，App 被打开的次数和概率都会得以增加，而引流所能体现的成绩也会不同于以往。

3. 结合线下活动和服务

LBS 引流效果最好的机会往往出现在线下，可以利用“地推”（线下宣传推广），引导附近的用户通过扫码下载你的 App，并马上向用户展示利用 LBS 能够为其带来怎样的服务（如方便他找到身边最近的门店、提供最快捷的服务）。

3.5.3 App+ 视频

想要让 App 产生更大的引流作用，首先要让 App 能被更多人群下载。2010 年之后，视频行业迅速发展，渠道拓宽速度越来越快，更多的人在使用手机看视频，用户眼球从传统电视屏转移到手机屏上。这说明，采用视频进行品牌曝光，推动 App 的下载和使用也是很好的方法。

如何通过视频与 App 结合来形成规模式引流？无论视频的播出渠道如何，都要注意下面几点：

1. 创意

在不违背法律和公德的基础上，视频应该有充分创意，要有个性，应是前人未曾涉足过的，能够刺激人群，能够唤起网民关注的热情。

《一屋赞客》这部网络剧采取暗示式方式，讲述了同租在一起的特殊性取向人群故事，并将“赞客”App 的功能和用途暗藏其中。短短一个月内，视频播放带来了几十万的软件下载量。

2. 形式

可以考虑选择的视频形式有微电影、搞笑视频、电视剧、广告片等。在电商决定投资拍摄或者进行合作之前，应先进行调查，了解其中何种视频的接收量最大、传播效果最好。黄太吉就曾经联合移动互联网企业拍摄电影《我要你开花》，为其 App 和微博的关注带来了很不错的流量。

3. 传播渠道

如果企业有网络视频平台或电视台的相关资源，则可以选择积极合作。

（1）电视台作为传统媒体，目前并不轻易和普通电商进行合作，但企业不妨选择一些市级电视台，将 App 和视频结合播出。

（2）赞助电视剧形式。不用进行巨大投资，通过一次性的广告费投入，获得在视频中露脸引流的机会，如电视剧《我爱男闺蜜》中就有典型的 App 植入广告。

（3）冠名权。如果投资成本不是问题，还可以由 App 或电商企业将自身品牌或关键词作为视频冠名加以传播。

（4）拍摄电商企业宣传片，选择合适的媒体资源进行播放，在其中重点突出 App 名字和二维码，这样观看者就能加深印象，或直接扫码完成下载。

3.5.4 App+ 活动

有了 App，电商企业对活动引流的效果也不应放松。App+ 活动的引流方法，在实战中更加值得研讨。否则，显然将浪费不少 App 软件内的资源。

利用 App 软件活动引流的常见方法，有下面五种：

1. 利用有趣数据进行分享

一款电商 App，推出了向朋友圈展示自己一年消费数据为多少、超过百分之多少好友之类的数据，将用户行为数据化，因此而展现出个性，体现其生活质量和追求。不少用户因此分享了数据，帮助企业获得了新客户流量。

2. 举行 App 内的插屏活动

一款 App 在世界杯期间举行了插屏活动，引导用户竞猜赛事结果，并能够利用“赢得”积分的形式兑换购物券，活动很好地提升了用户的参与热情，也引来了不少新流量。

此外，还可以用猜产品价格、识别产品质量等游戏内容，引起用户对插屏活动的兴趣。

3. 设置分享奖励活动

直接利用推送消息或者文字图片提示，请求用户将其购买或使用情况分享出去，并赠送积分，提高分享率，赢得分享者社交圈的关注，转化成为下载和访问流量。

4. 红包引流

可以在 App 打开初始就显示赠送用户红包，但应设定要求（必须转发才能拿到红包等）。以滴滴打车为代表的一些 App 就将这样的方法用到了极致，如图 3-23 所示，打车支付完毕后点击代金券，会看到如图 3-24 所示的界面，分享给好友即能拿到代金券。但需要注意的是，对大部分中小电商来说，成本是实行这一引流战术的最大难题。

图 3-23 滴滴打车中领取代金券

图 3-24 分享给好友获得代金券

5. 导入好友

可以直接让 App 获得访问用户电话簿、微信、QQ 等好友的权力，从而引入好友并邀请评价产品、获得折扣等。如果好友关系链使用得当，能够带来迅速的引流效果，则增长速度能够超过普通引流方法的数十倍。

3.5.5 App+ 线上

作为移动互联网引流利器，App 效率很高，但电商企业需要面对两大问题：一方面，传统互联网引流资源不可浪费；另一方面，App 也需要有充分的下载量，才能产生引流作用。这就促使 App+ 线上的引流模式诞生并发挥作用。

1. 购买引流渠道

选择目标受众集中聚集的渠道，将 App 推广和引流合二为一。

（1）选择各大应用市场，发布 App，并组织人员对 App 进行下载和评论，从而实现应用市场的成功刷榜。再通过应用市场自带的转发、分享功能，将 App 进一步在微博、微信朋友圈展示并引流。

（2）主动进入大平台。可以通过和大平台的流量交换与分享，实现尽可能精准的引流。

某电商主打微型投影系统，并开发了一套和投影系统相关联的 App，为了利用线上资源进行引流，其特意和某大型智能硬件论坛合作，给予论坛一批特价产品代销，并在论坛广告位中获得了二维码展示机会，从而吸引了整个论坛的流量。

2. 利用下载人群邀请

某移动互联网企业的产品是一个工具类 App，面临营销预算有限的情况，该公司决定在之前已经成熟的 App 中发送邀请，鼓励老用户试用新 App，并引导他们根据分享按钮来邀请新用户，老用户将会得到积分奖励。老用户很快就开始通过线上手段如微信、QQ、邮件等手段向各自朋友发送邀请码，而邀请的对象也经过了老用户自身筛选，因此转化率很高。

事实说明，利用已有的客户群体进行线上分享操作，也能获得新的精准流量。

3. 发展线上代理

利用众筹网站、招聘网站等方式，明确展示 App 的功能、用途，再发布招聘代理的启事。启事中必须介绍清楚规则，即根据产品销售数量或者其他标准进行返点或者奖励。这种看起来类似于传统生意的办法，其目的在于吸引有兴趣者关注 App 软件并进行扫码下载，这不失为一种良好的引流方法。

3.6 移动端之阿里巴巴平台引流

3.6.1 淘宝平台引流

淘宝是国内最大的电商零售平台，在这里做好引流工作，电商的销售业绩自然会迅速上升。

1. 淘宝论坛发帖

围绕产品功能特点、使用感受写成软文类帖子，并发布在淘宝论坛上。无论是买家经验，还是卖家分享，都能够为淘宝店铺带来精准流量。

2. 淘宝搜索引流

每个产品都有专属关键词，但直接用这些关键词作为淘宝店铺展示，引流效果并不一定出色。

可以使用免费的淘宝“生意参谋”工具进行优化：

（1）进入“生意参谋”首页，点击右上方的“专题工具”。

（2）找到多样化的工具类目，会发现很多相关工具，如“选词助手”“行业排行”“单品分析”等，如图 3-25 所示，可以利用它们了解搜索趋势。

（3）将打算为产品命名的关键词进行组合，以“2016 + 产品种类 + 产品属性 + 产品名称”为组合方式，构成不同的产品关键词，如 2016 新款可爱男童装或 2016 流行款萌娃童装等。

（4）将不同的关键词分别输入“选词助手”，进行搜索指数的比对，并找到性价比最高的（而不是搜索次数最多的）对应关键词。

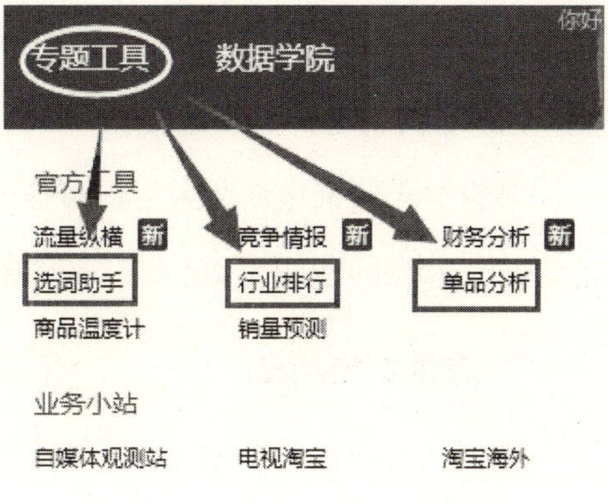

图 3-25　生意参谋的相关操作

判断“性价比”的标准，是同一组关键词下宝贝数量和宝贝搜索指数的比。

3. 选择产品上架时间

控制好淘宝店铺上下架时间，上架时间应该挑选人气比较旺的时刻，根据规则，下架时间越近的产品越排在前面，因此，对于主打产品，应该在人气最旺时设置为接近下架。

4. 用好淘宝橱窗引荐

千万不要让淘宝橱窗引荐空缺不用，事实证明，使用了橱窗引荐的产品，比其他产品更容易被卖家搜索到。不妨将店内性价比最高的产品放到橱窗中，从而为整个店带来充分流量。

5. 发挥点评价值

利用好评送红包、上传图片送积分等形式，鼓励买家为产品留下内容充实而详尽的文字和图案好评，并将这些好评截图，放入淘宝店铺，这样就能成为吸引新客流的流量入口了。

6. 使用宝贝描述模板

在淘宝上架新产品时，需要填写宝贝描述模板。模板不仅能够凸显产品价值，也能够为其他产品带来流量。

某青少年服饰电商在为男帆布鞋进行宝贝描述时，还在其模板周围放进了运动鞋、运动服的图像和链接，这样就将同一批客户不断引向不同的产品了。

7. 参加促销活动

（1）一元拍。向淘宝申请，参加一元拍活动，采取一元价格来推销产品，虽然这样可能需要付出引流成本，但带来的流量效果是明显的。

（2）拍卖频道。也可以使用质量高、名气大的产品参加淘宝拍卖，相比一元拍，其拍卖效果会更加直接、明显。

8. 邀请扫码

在淘宝店铺内留下二维码，游客只需扫码即可关注电商微信，自动成为会员。这样，即便用户没有购买产品，也可以通过微信和电商形成紧密联系。

3.6.2 阿里巴巴引流

阿里巴巴是许多中小电商频繁登录使用的电商平台，直接在该平台上吸引流量，企业的营销业绩会从起步开始就带有强大优势。

下面这些方法可以尝试使用：

1. 交换链接、加入收藏

可以通过 QQ 上的阿里巴巴群组，加入之后，认识新朋友，然后再互相交换链接、互相收藏，从而提高店铺的关注量，获得靠前的排名。

2. 每天拜访不同的旺铺

（1）对行业中排名最靠前的公司店铺、营销博客进行拜访，并进行留言。

（2）凡是拜访了自己店铺和博客的用户，你都应该进行有针对性的回访。

3. 店铺介绍

（1）不要使用阿里巴巴系统默认的公司介绍，应该结合产品或服务的实际情况，写出原创简介。

（2）主营产品最好填满 20 个，其中包含的应都是关键词。

（3）产品属性页应该全部填满，并保证产品类目选择正确。

（4）产品详情应确保差异化描述，做到图文并茂，强调产品材质、型号和优势。

4. 社区和专栏

（1）专栏的文章能够同步到阿里旺铺的公司动态，因此可以在专栏中发布含有关键词的文章标题，并通过同步来实现精准引流。

（2）多参加阿里组织的专场活动，无论活动是否能带来成交量，都应该积极选择对应的产品类别加大曝光量。

5. 关键词

可以从下面几个方向查找关键词：

（1）阿里巴巴首页搜索，如图 3-26 所示，除了搜索关键词，还可点击“搜索排行”进行关键词筛选。

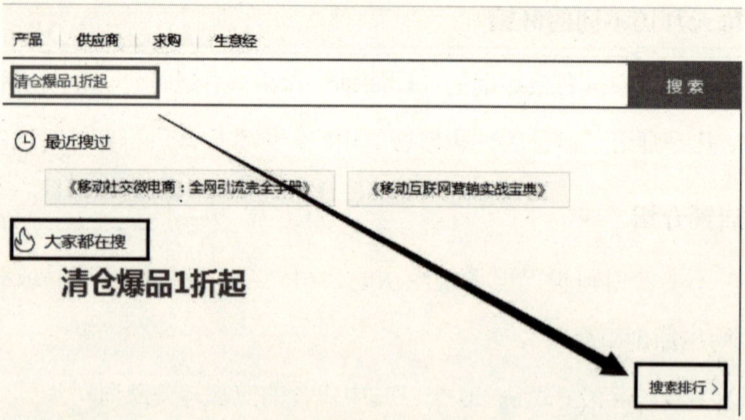

图 3-26 阿里巴巴首页搜索

（2）信息收集页面。

（3）在“我的阿里”中，选择“服务”内的“生意参谋”，进行标题优化，再挑选关键词。

（4）同样在“我的阿里”中，选择“服务”内的“阿里指数”，再观察不同行业内的关键词使用情况。

3.6.3 旺旺引流

虽然旺旺是阿里平台即时通讯工具，但也可以用来作为平台内部的引流工具，因为使用旺旺的绝大多数都是有互联网购物需求和消费习惯的人群，其本身已经具备了一定的筛选功能和高度，所以只要正确使用，引流效果便会非常不错。

1. 移植法

可以将 QQ 引流方法移植到旺旺平台上，例如，用旺旺给同一个群的买家发送邀请链接，或者将旺旺情况改为“新货上架”“满 50 包邮”等。

2. 聊天展示法

在 QQ 聊天窗口的状态栏上加入推广链接和简短的文字介绍，例如，“绿色茶叶，无污染口味好，http://item.taobao.com/……（网址）”。这样，在和潜在用户的聊天过程中，对方就能被内容和商品所吸引进入店铺，成为流量和销量的来源。

3. 设置个性昵称和签名引流

将昵称和签名设置得更为个性，以便消费群体将你和其他同类产品竞争者相区分。一般不建议直接使用类似产品描述关键字的方法设置，可以使用产品 + 称呼的模板，如“箱包小王子”“野生茶姐姐”“军品部落酋长”等，既能在聊天互动中给人以亲切感，又能使有需求者一目了然地通过个性昵称和签名被吸引进店。

3.7 移动端之移动论坛引流

3.7.1 论坛选择

利用手机论坛引流，重点在于选择和产品联系紧密的论坛，其次要观察其活跃程度，通过挑选，能更好地提升引流效果。

下面是值得选择的论坛：

1. 论坛的主题与某一类别产品紧密相关

如智能手机电商，应该选择的是用手机论坛进行引流，而进入时尚用品论坛引流则效果不明显。

2. 论坛使用者和用户人群高度重叠

例如，电商产品主要面向的是婴幼儿，那么应该选择年轻母亲为主要使用人群的论坛；同样是面对学生的不同产品，则要根据学生的年龄、兴趣爱好、学习需求、娱乐需要等进行区分，选择高校学生、高中学生等分别集中的论坛。

3. 地域精准的论坛

例如，某电商针对 S 市进行营销，则首先应进入该市的市民论坛进行引流。

3.7.2 观察阶段

在选择了目标移动论坛之后，不要急于进行发文或开展互动，而是应充分观察，以便能够积极适应论坛。

1. 首先去了解论坛和用户特点

分析论坛中哪些版块最为火爆、所设置的不同版块有哪些主题特色、不同版块的主流用户特点、不同版块用户喜欢的内容、不同版块所适合发放的引流内容等。

2. 阅读重点版块原有文章

有选择地阅读、回顾那些高点击率、高回复率的帖子，找到版块管理员所能接受的营销尺度，寻找引流营销可以利用的漏洞。

如某地方论坛对引流内容一律加以封杀，但一家提供快递送餐服务的电商营销团队在阅读原有文章后发现，可以进行社区交友组织线下活动的内容运作，于是以“美食爱好同盟”的名义在论坛上进行联系，将之引入QQ群，进行深化引流，取得了很好的效果。

3. 了解营销版块

不少移动论坛为了维持生存和谋求发展，设有专门的营销版块。可以观察其中是否有帖子直接展示了电商店面的外部链接。如果有，则分析本身的产品网站链接是否也能通过放入该版块展示来引流。

3.7.3 账号注册、名称

移动设备访问论坛和传统电脑访问论坛一样，也会因为账号名称、IP地址等而留下痕迹。在同一个论坛引流时，有必要提前注册数量较多的账户。当然，如果能够通过特殊渠道获取论坛中已有相当历史的“老马甲”，则效果会更好。

在注册账户或修改名称时，应该注意坚持下面的这些原则：

1. 尽量使用中文来注册账户名称

中文名称不仅要有具体含义，还应具备一定的特色，除非产品需要，尽量不要使用英文名字，否则很容易让人记错而导致混淆。

另外，如果使用没有意义的中文名字，也会因为缺少内容上的逻辑而缺乏吸引力。

2. 及时更新账户资料

账户的资料填写越丰富，网友就越容易对产品的引流产生好感。

（1）头像设置重点在于亲和，可以用真人头像，例如，美女、婴儿、帅哥、明星等。

（2）不要忽视填写联系方式、个性化签名等。

3. 在注册完移动论坛的账号之后，要多进行回帖和正常发帖

（1）重点挑选资深会员的帖子进行回复，以扩大账号的影响。

（2）挑选和产品接近但不表现营销意图的内容进行发表。例如，做音响设备的营销号，一开始发布的内容是对歌手的点评、音乐流派知识的介绍，逐渐被论坛网友熟悉之后，才开始进行引流。

（3）通过站内短信，和老会员、论坛版主拉近感情关系，形成情感基础。这样当再发帖子的时候，就能获得来自朋友的“友情流量”。要让论坛中绝大多数人都知道你是真正的普通网友。

3.7.4 发帖与回帖

在移动论坛发帖与回帖，需要注意内容设计上的下列重点：

1. 奇

内容**新奇有趣**的帖子，在论坛中经常能受到不同人的关注。为了抓住用户眼光，可以在引流帖子中重点介绍奇特的事情，或揭露他们没有想到的内容。

“奇”的特点，必须在帖子**开头重点展示**。例如，某国产皮具的论坛帖子主题是“惊爆内幕，国际大牌皮包其实在中国乡镇企业生产”，开头就用“我的一位朋友在银行工作，上次他去一家乡镇企业办理业务，结果发现……”，随后娓娓道来新奇见闻，吸引读者看完帖子并进行跟帖。

2. 借

借用发帖论坛当下讨论最热烈的主题，带动用户参与感，并增加点击流量。

一家户外游爱好者论坛中，用户集中讨论国庆假期去哪里游玩，该主题的帖子点击率较高。某电商营销号在回复贴中展示了“国庆节，其实我不想出去旅游，

我想找个人一起看电影”的内容，其实就是为其票务业务引流而策划推出的。

3. 分

人们之所以上论坛，其乐趣主要在于交流和分享。尤其是作为普通用户面貌出现的账号，主动分享收藏和重视的产品、信息，更容易被人们所关注。

在论坛中，可以在帖子内加入“多年潜水，发一个珍藏已久的网店”“初来论坛,送上靠谱的店铺地址”等,并附上链接,引流就以分享的形式顺利开始了。

3.7.5 水军炒作

论坛必须依靠数量，而不能单纯依靠 各种账号“马甲”进行顶帖炒作。

1. 顶帖内容要有意义

顶帖不能流于空洞的形式。某些电商对引流帖子的质量很重视，却不重视回复的顶帖，其中内容简单空洞，经常出现如“沙发”“很好”“赞”等简单语句文字，这些文字形式大于意义，影响了真正的用户阅读和参与的兴趣。如图 3-27 所示，其回帖内容就很真实、详细。

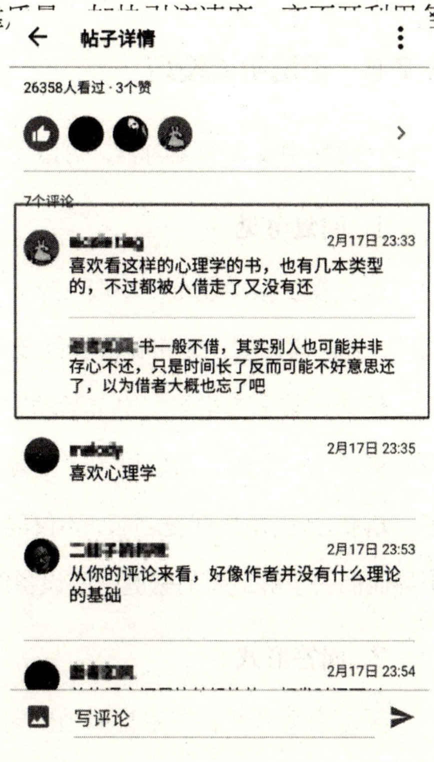

图 3-27 移动论坛回帖

2. 数量充分

对引流帖子的回复要有充分的数量，只有数量足够才能形成引流能力强大的话题。电商可以根据不同目标论坛现有热度制定回复的数量标准，然后根据数字来组织和分配人力。

3. 回避广告

在回复帖子时，要尽量避免在回复文字中直接添加产品名、地址、电话、链接等，这样才能防止被删除。

4. 巧妙对白

事先应设计好对白，让不同楼层之间积极互动，如图 3-27 所示的方框内的内容即为不同楼层之间的回复。有时候，回帖还可以制造出回复者之间的矛盾对抗，这样引流目标用户才会因为帖子的热闹而积极参与。

3.7.6 论坛引流技巧

在论坛中发布引流内容，可以使用下列常见技巧。

1. 回复可见

即先在主帖中发布一小段文字，足以引起用户阅读的良好体验，希望继续阅读，随后再设置回复可见。在回复可见内容中，应包含引流的营销内容。

例如，某电商组织家电节活动，在论坛上发帖，开头文字表示如何期待近期好莱坞电影上映，随后设置了回复可见，邀请论坛上的网友回复后来下载种子。实际上，当用户回复之后，不仅能够下载到种子，还能看到家电节引流文字，引导他们去了解最新的家庭影院设备的价格和质量。

2. 问答形式

采取求助方式，在主帖中抛出问题，并请求获得回答，如“什么时候给孩子穿鞋？怎么穿”等，如图 3-28 所示。其他账号或者楼主账号可以在回复中进行引导性的回答，可以多次占楼，通过回答主帖问题来引导粉丝关注，如图

3-29 所示。

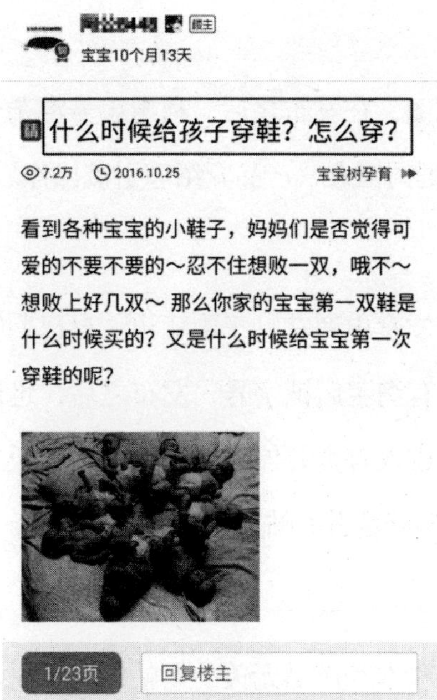

图 3-28　主帖中抛出问题

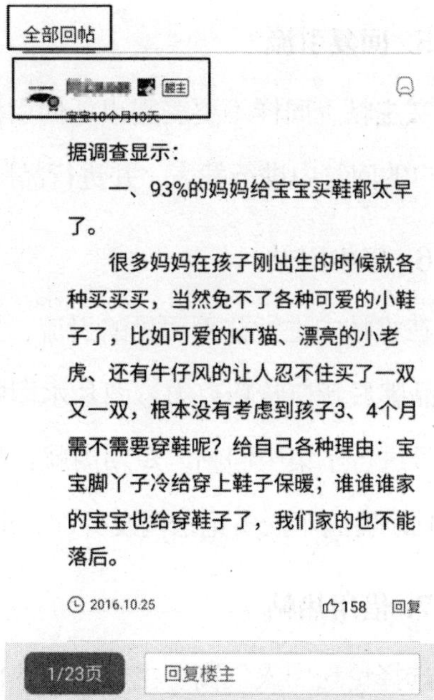

图 3-29　在回复中回答主帖

3. 移花接木

同样的产品与服务，在某个论坛取得良好引流效果之后，对文字的首末段进行简单修改，或者只是改掉标题，再更换到其他论坛，就能起到类似的引流效果。

4. 先发后改

最初发表的帖子不要含有任何引流的关键词，也不要表露营销意图，如果帖子本身的内容有充分知识性、趣味性，或是提出了引发大量回复讨论的话题，那么版主就必须对之进行长期保存。等帖子浏览量上升之后，再对内容进行修改，加入能够吸引流量的关键词、链接地址或产品介绍等。

5. 回复引流

在主帖上同样不要表露出任何引流意图，在发布之后，利用小号混杂于普通用户的回复中进行发表，并进行品牌关键词植入、产品介绍等引流操作。

6. 集中回帖

在主帖中进行并不明显的引流，如某零食电商在帖子中晒出“自己”购买的某品牌最新口味巧克力，图片水印中带有淘宝店铺字号，发布之后，迅速利用小号进行了集中回帖，短期内就让帖子进入首页并停留。为此，论坛版主认为该帖子得到了众多论坛网友关注，即使知道是引流帖，最终也没有删除。

7. 借用热帖

选择论坛中人气高、主题内容热门但和本身产品无关的热帖加以回复。回复内容要和主帖有明确的关系，但应在适当的地方加入引流内容。

3.8 移动端之微视频引流

3.8.1 个人直播平台

视频直播平台从 2015 年开始进入风口，成为了目前新兴的引流渠道，目前直播平台非常多，如斗鱼、虎牙、一直播等，以一直播为例，可以采取下面的引流方法：

（1）打开直播软件，注册并在首页→热门中寻找人气较高的主播，如图 3-30 所示。

（2）直播间除了直播界面外，通常右侧为聊天界面，下侧为输入栏。

（3）选择人气较高的直播间进入，如图 3-31 所示。需要注意的是，通常人气较旺的直播间不能直接进行营销，而是要通过向主播发红包、送礼物方式争取成为房间管理员后才能具备前期条件。

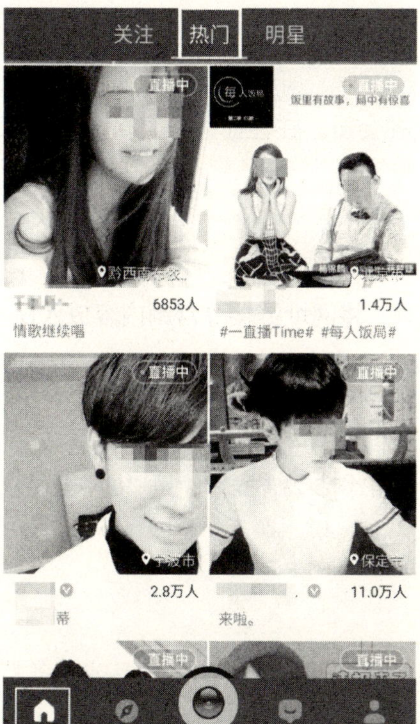

图 3-30　进入直播软件

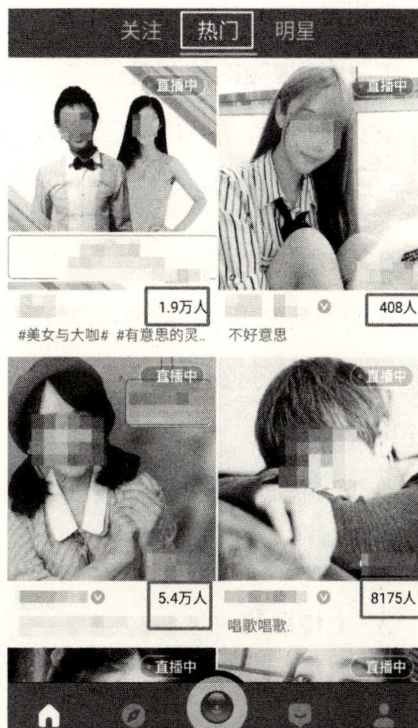

图 3-31　根据观看人数来选择主播人气

（4）娱乐直播主要针对喜欢看美女的精准流量，电商业界将之称为“色流”。引流产品内容应该主要面向中青年男性。

（5）注册账号昵称时，直接将之设置为产品名称，这是相比论坛而言直播平台较为宽松的优势所在。

3.8.2 爱奇艺视频

高质量的视频引流效果，并不比百度文字差，如果正确利用爱奇艺视频或其他视频平台，用户往往能够为免费视频资源所吸引，会毫不犹豫地点击其链接，成功引流。

1. 申请视频网站会员

花费十余元，成为爱奇艺或腾讯的视频会员。在注册完毕之后，要注意安全性问题，防止账号被盗。

2. 录制视频

录制产品使用、服务内容等方面的视频，将网址链接等营销内容放入视频。在录制时，要保持充分的细心和耐心，避免出现内容错误、模糊影像或者鼠标点击声音等瑕疵。

使用录制屏幕操作软件时，要准确设置各个参数，推荐使用“KK 录像机”这款软件，简单易学。

3. 上传视频

（1）对视频网站会员资料进行完善，最好设置成和本身产品或服务特点相关的文字内容。

（2）点击上传视频。

（3）选择不同网站的上传工具进行操作。在发布视频时，填写名称和简介，既要注意表达产品内容，也要防止含有过多广告内容而导致被百度拒绝收录。

4. 结合百度推广视频

（1）在百度上搜索近期播放最火、点击量最多的视频，尤其应注意挑选只有诸如爱奇艺会员权限才能观看的视频。

（2）录制视频，分享在百度云盘中。对视频文件名进行修改，包含电商的品牌或网址。

（3）在百度知道、贴吧等平台进行宣传推广。

3.9 移动端之软文引流

软文是引流营销史上最为长久的工具，其“软”的特性，决定了无论在何种平台、何种渠道上其都有着充分发挥价值的空间。熟悉软文写作特点并懂得结合不同渠道，是营销者在实际操作前最需要学习的内容。

3.9.1 排版习惯

1. 不同渠道有不同的排版特点

如微信公众号软文的段首不需要有任何缩进，每段之间要有空行。而论坛软文则更接近传统出版物排版。

2. 字体选择

字体应该贴近引流软文所处的具体媒介，如在报纸杂志上发表的软文，应能贴近同版面其他文章字体；在网页、微信上发表软文，其形式可灵活自由，采用不同颜色、不同大小的字体设定，以带来实际的视觉刺激感。

3.9.2 软文标题

好的软文标题能够第一时间吸引用户注意，概括软文内容，引发阅读冲动。引流软文通常可以使用下面这些标题：

1. 确定用户范围

如**"职场OL进来讨论讨论"**，能够对年轻工作女性产生很大的吸引力。同时，也能吸引其他群体（如职场男性），因为标题设定了用户范围，还有可能吸引范围之外的感兴趣人群。

2. 数字型标题

用数字激活用户的逻辑思维，并给他们带来文章权威性的暗示。如**"2015最热门的十大运动项目"**是一家运动产品电商推出的引流软文，其带给用户充分的吸引强度，并能伴随传播而带来不同群体的阅读流量。

3. 热点事件、人物、关键词

利用网络或社会舆论所关心的重要事件、人物或关键词，能够利用阅读者的好奇心为软文内容带来光环效应，当然，软文内容应该和事件、人物或关键词充分联系，否则会让读者产生"受骗"感。

4. 疑问式的软文标题

这类标题容易让用户产生共鸣，使其希望得到答案，或者激发了他们类似的问题。某电商的引流软文标题为**“怎样才能健康减肥而不影响工作？”**，发表在某女性论坛，短时间内就得到了大量阅读，并引发了新的热帖讨论。

5. 夸大型标题

这类标题特点在于利用夸大语气、突出形容词来获得用户关注，因此不必过于重视标题本身是否贴合内容，甚至可以力求让用户怀疑标题的真实性来进行软文引流。

例如，**“买了这款美白霜，闺密气得要和我撕”**，因为一款护肤品就导致好友翻脸，听起来很不可信，但正是这种夸张才让流量得以迅速增长。

3.9.3 故事性强

软文有灵活的体裁形式，近年来的引流实践表明，越是故事性强的软文，越容易产生强大吸引力。如何写好软文中的故事？

1. 采用新闻特写方式

某电商招商引流软文就利用新闻报道的方式，以“90 后大学生微商创业，白手起家到月入十万”讲述了旗下某加盟商的创业经过，并带来了很好的用户反馈，如图 3-32 所示。

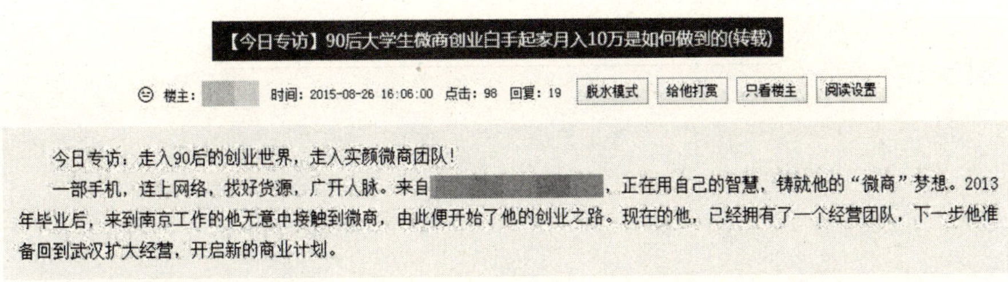
【今日专访】90后大学生微商创业白手起家月入10万是如何做到的(转载)

楼主： 时间：2015-08-26 16:06:00 点击：98 回复：19 脱水模式 给他打赏 只看楼主 阅读设置

今日专访：走入90后的创业世界，走入实颜微商团队！

一部手机，连上网络，找好货源，广开人脉。来自 ，正在用自己的智慧，铸就他的“微商”梦想。2013年毕业后，来到南京工作的他无意中接触到微商，由此便开始了他的创业之路。现在的他，已经拥有了一个经营团队，下一步他准备回到武汉扩大经营，开启新的商业计划。

图 3-32 新闻特写方式的标题

2. 选择贴近用户生活圈和社交圈的人物、情节

如某淘宝中老年女装店，在一篇软文中讲述了“我”作为城市白领女性，和农村来的婆婆存在的生活习惯上的差异，难以进行有效沟通。为了弥补两人之间的误会，“我”购买了一件时尚、端庄、大气的老年女装送给婆婆，家庭气氛因此变得和谐起来。

3. 让故事更具娱乐性

如软文引流对象集中在年轻群体中，可以通过精心设计，让软文故事情节更为紧凑、快节奏、巧合化。

某手机电商软文，设计的情节是“我”新买的手机具有指纹密码解锁功能，结果“我”异想天开用家里宠物猫的指纹作为密码，并由此引发了“将猫带到办公室开会”等一系列爆笑故事。类似这样情节出奇搞怪、解构现实的软文故事，能有效吸引不少流量。

Part 4

移动社交电商营销实战篇

4.1
移动社交电商之产品选择

4.1.1 产品竞争力是基础

挑选正确的产品，电商才能拥有不一样的竞争力。如果一开始产品没有选对，即便营销过程投入巨大，最终能够获得的生存和发展机会也会越来越少。

1. 专注细分市场

中国人口基数大，即便是再小的市场需求，其覆盖的人群数量也很可能大到某一家移动电商企业根本吃不下。在挑选产品时，应关注能够对应细分人群特殊需求的产品。

如女装早已不是细分市场，其中出现了非常详细的分类，如图 4-1 所示六大类为淘宝的女装细分，而特色女装更有大码、妈妈装、职业装、学生装等，这些就是再细分人群带来的产品市场。

在创业之前应该仔细观察细分人群，了解其需求特征、经济地位、社会阶层等。

图 4-1 淘宝的女装细分类别

2. 竞争度小

互联网电商发展至今，各行各业产品都面对着不同程度的竞争。挑选产品时，应该注意选择竞争度较小的产品。

例如，钻戒饰品行业线下和线上的知名品牌已经形成规模，拥有足够号召力，竞争度较大，但移动社交电商完全可以在细分市场同时选择竞争度较小的产品，如日常佩戴的装饰性钻戒、恋爱中有馈赠作用的钻戒等。运用类似思维挑选产品，往往会发现竞争度顿时减小。

3. 售后服务应尽量少

不同的产品，所可能产生的售后服务量是不同的。一般而言，售后服务量较多的产品，其竞争力会小于售后服务量较少的产品。这是因为前者有可能在偶然因素影响下造成购买者体验上的不满，并影响到产品在移动社交网络上的二次传播。

在条件接近、资源许可的情况下，选择售后服务少的产品，无异于增大产品竞争力。

某电商最初选择了代理销售某新型智能焖烧锅产品，由于为初代产品，加之焖烧效果体验因人而异，加大了售后服务量。该电商转而销售一款工艺成熟、市场评价稳定的电饭煲，虽然营销目标人群依然相同，但售后服务量大为减小，产品竞争力也因此迅速上升。

4.1.2 产品利润空间是命脉

产品利润空间越大，企业受益就越多，通常，利润空间由如下因素影响：

1. 复买率

产品是否为消耗品，是否会经常性地重复购买，重复购买周期是多少……一系列因素决定了产品利润在时间上的宽广度。单次销售电动车，远远大于单次面膜的利润，但这种“大于”只是在一次性购买上体现的，从长远来看，面膜用户每个月都需要购买一批产品，而很少有人会一年换一次电动车，由此带来的复买率差距值得重视。

2. 转介率

转介率是指老用户在购买产品之后会有多大概率为电商带来新用户。

目前来看，女性购买产品后转介绍的频率最高，通常她们购买产品之后如感到满意，很可能在微博、朋友圈或线下社交时推荐给其他朋友，由此形成实质上的口碑引流。在年轻群体如 90 后的男性中，这种情况也很常见。

另一种可能是有特殊需求的封闭人群，如戒烟产品、男性保健产品、育婴产品、青少年矫正视力产品等，类似产品购买者往往因其承担的家庭和社会角色，必须对产品知识有所了解，并通过购买形成经验，再和有同样需求的人进行交流、沟通。

3. 替代率

在挑选之前，电商应该调查了解产品有多大概率可以在实体零售渠道中购买到。这样的“替代率”往往越低越好。例如，三四线城市的用户并不容易在社区超市购买质量上乘的海鲜产品，这种产品在类似用户人群中就有不错的利润空间。相反，大城市家庭用户则并不一定会为海鲜产品提供更多利润。

4. 物流因素

移动电商选择产品，不能不考虑物流因素。尤其在三四线城市、县级及农村地区，这一因素更为重要。因为物流费用的高低会直接决定产品利润的高低，在挑选产品时，必须要考虑物流过程是否便捷、成本是否便宜。

那么，怎样去结合物流特点来挑选产品呢？

（1）**避重就轻**。将产品的重量作为重要的挑选标准，对产品总体重量进行控制，降低物流成本。尽可能避开单件较重的产品，挑选重量比较轻的产品。另外，如果是面向女性消费者的产品，重量较轻也方便她们提货、携带和搬运。

（2）**避小就大**。虽然网购者不会根据体积来衡量产品价值，但产品大小也是决定体验的重要部分。尤其是和手工有关的产品，或强调天然性的农产品、生鲜产品等，以及其他没有较多科技附加值的产品等。

适当选择体积看起来较大的产品，这样才能给消费者带去物超所值的心理预期。即便是体积小的产品，也要考虑将小产品组合形成一定的体积，打造产品的品质感，进而提升附加价值。

（3）**避柔就硬**。从物流运输角度来看，如果产品质地过于柔软、包装又不能有效阻挡外界压力，则不利于长途运送。附加相应的保护措施，又会导致包装成本增加。对于从事社交移动电商的个体商户，也没有足够的时间成本和执行精力来增加包装。

硬度高、不易破碎、不易损坏的产品，是较好的选择。例如，某零食电商手中可以选择的有某种进口水果糖（铁罐包装）和南方某地的鲜橙，在必须选择时，前者更为合适。

（4）**避鲜就干**。不少初入移动社交电商的创业者认为，产品新鲜对购买者会是很大的吸引力，能够为购买者带去很好的体验。不可否认，这的确是大众购买的原始心态，但对于缺乏强大实力的电商来说，生鲜并不是最好的产品。其中复杂的包装运输问题，还有销售进度问题，再加之天气、物流、人力等不可控因素太多，导致产品本身管理的门槛提高。

2016 年出现了这样的事例，一家叫“笨鲜生”的淘宝电商在一个月之内卖出了 60 万斤菠萝，然而，由于生产地菠萝价格上升、退订金不摘果和产地经纪人的不诚信等，导致店铺差评无数，遭受将近 50 万元的损失，网店濒临倒闭。

无论“笨鲜生”最初选择该产品的动机如何，这样的结果都表明，不要轻易选择生鲜产品，是移动社交电商创业者在挑选产品时应该牢记的原则。

4.2 移动社交电商之平台选择

4.2.1 微谷平台

微谷平台，网址为 http://www.myweigu.com/。该平台能帮助移动社交电商更充分地利用微信进行营销。

1. 微官网

能够将电商企业的信息、服务、活动等内容设计成为微信链接的网页进行展示。微谷提供了各种精美模板，也可以自定义模板，既利于提高信息量，也能让信息的展示更加赏心悦目。

2. 服务支持

对于入驻的会员，微谷能够提供产品体系、培训体系、策划体系、金融体系、渠道体系、信息体系等支持，如图 4-2 所示，并进一步根据用户特征进行精细分类，实现不同方向的精准营销。

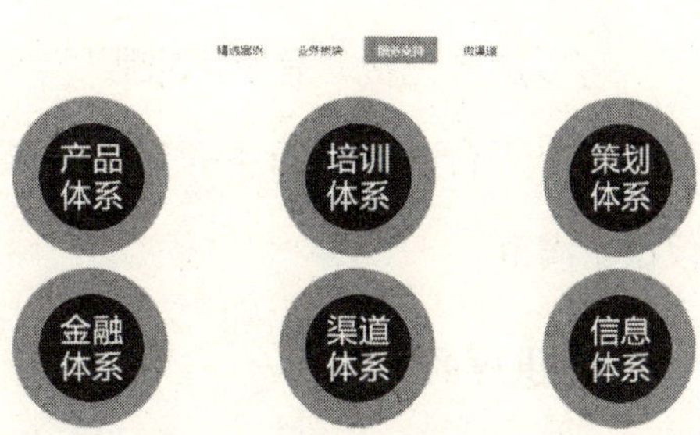

图 4-2　微谷平台提供的服务支持

3. 微渠道

电商可以利用微谷的微渠道，配合微信功能，得到微商品牌、微商团队、微商货源支持，如图 4-3 所示。通过这样的渠道支持，微商从业者就可以借力使力，依靠强大的团队帮助自己做好微商。

图 4-3 微谷平台提供的微渠道支持

4. 微活动

利用微信的强交互性，运用不同活动实现和用户的互动和交流，其中包括优惠券、刮刮卡、大转盘、微投票和一战到底等会员层面的再营销功能。

4.2.2 有赞商城

有赞商城，http://www.youzan.com/，曾用名“口袋通”，其有着专门为移动零售提供服务的团队，能够为商家、供应商、企业、品牌商和个人提供不同的移动电商解决方案。

1. 商家

可以加入免费“有赞商家版”，将微信公众号、微博等互联网社交工具结合在这个平台中，如图 4-4 所示。该平台每秒订单处理能力达到 40000 笔，仅次于淘宝。

2. 供应商

供应商可以选择“有赞”提供的“有赞供货商”功能，借助该功能，获得电子商务渠道，进行商品分销。

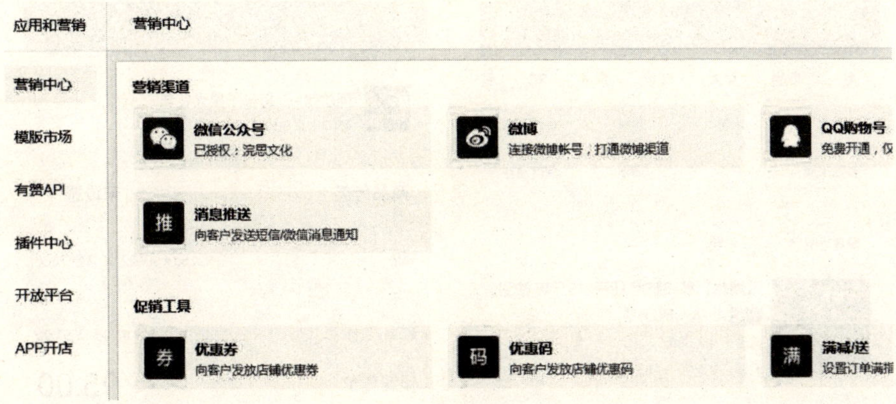

图 4-4　有赞商城商家版营销

3. 个人

个人从事移动社交电子商务，可以选择“有赞微小店”进行销售。

“有赞微小店”的优势在于，其平台本身提供海量精选的分销产品，即便个人没有货源渠道，也能够通过售卖分销产品来获得利润。这意味着个人并不需要投入任何成本就能通过这一平台开店。

（1）进入智能手机中各大软件应用下载市场，下载“有赞微小店”。

（2）使用手机号码进行注册，注册完成即意味着开店成功。

（3）在“市场选货”中选择合适的产品，点击商品后面的“+”进入，如图 4-5 所示，然后选择“上架到我的小店”，如图 4-6 所示，即可直接上架到个人店铺进行销售。用户在你的店铺购买分销商品后，由供货商直接发货给用户，交易完成后，你能够赚取相应利润。

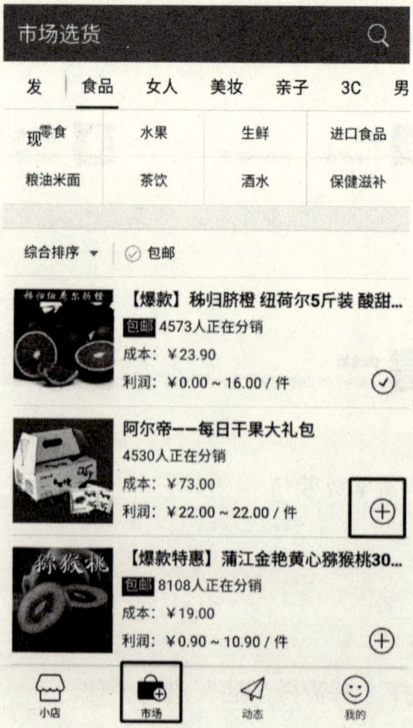

图 4-5　有赞微小店中选择货品

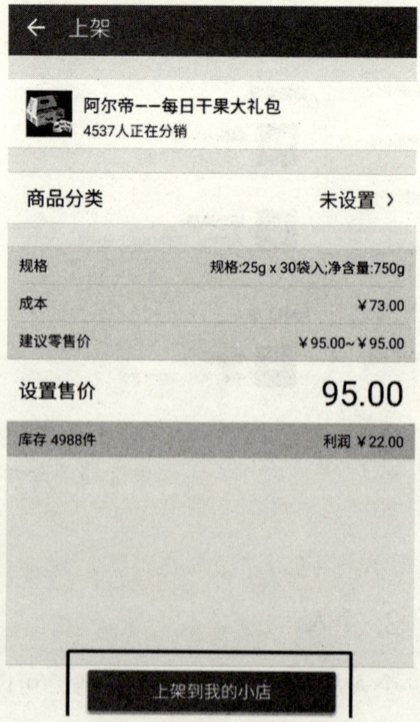

图 4-6　有赞微小店中上架商品

4. 企业

企业能够利用“有赞全员店”功能，发动全体员工、经销商和老客户进行个人网店营销。这些个人网店类似于矩形的“有赞微小店”，方便企业整体管理店铺的营销方式、销售方式、订单处理、绩效排行和奖金发放。

4.2.3　微店

微店是一款手机上热门的开店 App，其流程简单，能通过微信朋友圈、公众平台、QQ 空间、新浪微博等不同方式将商品链接加以分享，带来成交量。

微店的优势在于不需要成本，没有资金和库存的压力，也无须花费太多时间管理，只要利用碎片时间和个人社交圈就能够完成营销推广。另外，微店的账期很短，交易第二天，就可以将货款提现到银行卡。

（1）在智能手机下载微店 App，选择注册，也可选择微信登录，如图 4-7 所示。

（2）填写手机号码，设置密码，输入相关注册信息，进入后界面如图 4-8 所示，点击右上角的“微店”，即可进入微店管理，可选择完成实名认证，如图 4-9 所示。

图 4-7 注册微店

图 4-8 注册完成后进入微店界面

（3）设置店铺名称并上传照片作为店铺图标，如图 4-9 所示，也可进一步绑定微信号。

（4）在微店界面，如图 4-8 所示，可以对微店商品进行管理。点击商品，进入商品管理界面，如图 4-10 所示。页面左下角有“添加新商品”字样，点击即可添加出售物品的图片，并输入商品名称、价格、库存等信息，还可以进行转发和收款，如图 4-10 所示。

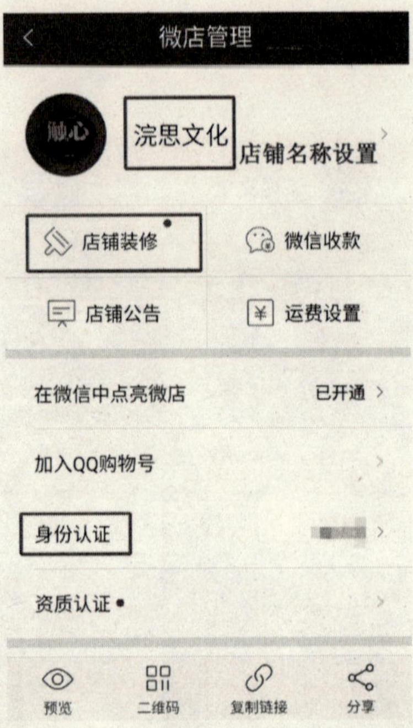

图 4-9　微店管理中可设置店铺名称

图 4-10　对微店商品进行管理

4.2.4　秀啊

秀啊是一款将图片社交和购物平台功能捆绑的手机 App，在该社交电商平台上，实现了社交和商品购买的无缝对接。由于平台支持匿名和熟人两种社交模式，用户能通过不同朋友圈的购物、分享和受益经历，决定自己的消费倾向，可谓开创了全新的移动电商营销模式。

目前，秀啊的社交电商平台有以下特点：

（1）**限制商家入驻。**该平台只接受原厂商或者有定价权的代理商入住，对于这些经营者来说，其优势能够很好展现，但对于从事普通零售代理的电商来说，这是很高的门槛限制。

（2）用户只能看到好友的成交记录，**刷单操作无从谈起**。对于产品原有忠实客户的电商来说是强大优势，但新电商则起步较慢。

（3）同样，用户只能看到好友的评价，**有利于产品的转介营销**，但刷好评的操作也变得毫无意义。

（4）在朋友圈中购买同一个商品，用户将能**享受到商家折扣**。这便于电商进行连锁分级式的直销模式营销。

（5）用户进入“秀啊”首先看到的并非产品，而是**好友之间的晒单**，这能在很大程度上提高电商爆款产品的曝光率。

总体来看，“秀啊”是针对性服务内容很强的移动社交电商平台，已经有成熟营销体系、产品内容的电商，可以考虑选择进入。

4.2.5 微卖

新浪微卖是一款大众化的移动社交电商工具，其面向任何个人用户和企业用户开放。通过微卖，电商可以直接出售产品和回收货款，尤为重要的是，微卖还可以和微博的推广营销进行联系。

（1）在智能手机中下载并安装新浪微卖 App，使用微博账号进行登录。

（2）进入主界面，点击“添加我的商品”。其中，图片和文字内容需要营销方完成并上传。

（3）也可以点击“批发市场”，有各类型产品展示，可以点击其中适合的产品，并点击“进货”。

（4）“申请进货”完成之后，直接将产品链接分享到微博或朋友圈，从而完成产品销售。

（5）对“我的商品”进行点击，查看正在出售的商品，任意点击其中一款，出现分享界面，同样能在微博、微信中进行分享。

4.2.6 移动社交电商平台选择的 8 个原则

随着社交电商和移动互联网的发展，可供企业、商户所选择的移动社交电商平台越来越多，究竟如何挑选，需要尊重下面的 8 个原则。

1. 品牌企业先做直营渠道

直营渠道的社交电商平台，接近于传统的淘宝、京东等平台，特点是由商家自主组织营销、运营和售后工作，只不过工作重点在移动互联网平台上。传统品牌企业可以很好地利用平台发挥手头的资源，包括品牌影响力、老客户、企业内部团队等优势。

2. 个体从电商分销做起

移动电商分销，广义上包括微信、微博上进行的社交营销以及各大 App 所提供的分销功能。由于是个人或商户进行社交电商创业，可挑选的产品资源有限，能够建立的最初客户群体也较少，利用分销灵活、方便、快捷的特点，迅速建立个体品牌，便于进一步发展。

3. 明确目标

A 企业为了紧跟互联网 + 潮流，建立了本企业的 App，并投入资本和精力进行推广，但不久之后，企业发现 App 上销售量很低，下载了 App 的客户也很少打开。这让企业最初的决策陷入窘境……

其实，无论挑选怎样的移动社交电商平台，都要先明白这样的道理：移动社交电商不可能解决企业所有的营销问题。必须清楚，通过移动社交电商渠道，企业希望实现什么目的，并从中挑选重点：是推广营销品牌，还是打造产品形象，或者是扩大销售规模，又或者只是个人商户赚取多一点现金？在确定目标之后再行动，才能选择更适合的渠道。

4. 明确用户

不同的社交电商渠道，其用户群结构是不同的。例如，微信中大多数有支付意愿和能力的用户，更加集中在 30 岁以上，反之，QQ 上类似用户的年龄则相对偏小。又如，价格敏感方面，在企业官方 App 上购买和分享产品的用户，不如在淘宝移动端上的用户……

针对上述情况，电商应研究好产品营销所针对的用户群，然后挑选和这些用户特点所对应的渠道，务必要找到所需用户尽量集中的渠道。

5. 规模适应

由于渠道规模的区别，带来的营销效果甚至社交效果都是完全不同的。例如，微博、微信公众号等大规模的渠道，已经有了大规模企业和商户的抢先进入，并不一定适合新的电商创业者进入。积极挑选新的平台作为渠道，对于社交营销的开拓和发展有着重要的指导意义。

6. 精深原则

不少电商企业都不同程度地存在着多、大、广的平台选择倾向，其领导者片面认为推广平台越多越好，因此，从论坛、博客到微博、QQ 群、公众号、朋友圈、微店等，几乎全部都进行注册，随之发放产品信息。如此漫无目标地撒网，导致企业营销团队难以集中精力和资源进行突破营销，更谈不上开拓社交营销。

正确的方法应该是选择重点或合适的移动电子商务平台，能够每天都维护、更新产品信息,及时对目标客户的留言加以回复、寻找目标客户并和其充分交流、联系。这种做法的效果会比片面追求多、广、大的做法好且有更高的效率。

7. 捆绑原则

无论是企业还是商户，都很难只通过在某电商平台的宣传、营销从而将产品销售出去。大量发布信息之后，不能缺少相应的维护和更新，更不能缺少和实体客户的有效捆绑。

在挑选电商平台时，要多站在现有客户、熟人、朋友等的角度，考虑他们会对何种类型的营销平台有依赖性和消费习惯。这样，就能将现有资源合理引导到电商平台，转化成为丰富的流量和销量。

4.2.7 自建移动社交电商平台的策略

具备实力的企业，可以建设自有移动社交电商 App，通过将平台运营成覆盖潜在消费群体的社交平台，对企业自有产品加以推广，既能获得不断扩大的利润，也可以增加消费人群，这是目前企业从事电商营销的重要出路。

1. 分析优势与风险

需要注意的是，自建移动社交电商平台，既能够提供优势，也存在着某些风险。这是在建立之前就需要着力注意的。

（1）**优势**。建立移动社交电商平台后，企业能完全掌握经营自主权，伴随产品销售，积极调整价格、款式、服务，通过在移动社交电商平台之上的反复宣传、促销吸引，可以形成口碑传播，并促进产品形成品牌价值。

一家美妆用品企业，在推出 App 之后，能比原有淘宝平台更加自由地看到消费者在线停留时间、产品停留时间、下载次数、阅读信息次数、产品购买次数等，分析出消费者对 App 的满意度、对产品价格的接受度、不同产品营销方式之间的关联度，并及时调整销售策略，避免了营销精力和资源的浪费。

（2）**风险**。建立和推广全新的 App，需要较长周期。短期内，新的自建移动社交电商平台，很难打造出大的销量，收入增长会较为缓慢。企业需要做好准备，塑造网络品牌，并经受一段时间的市场考验。

2. 策略使用

在运营自建平台时，需要注意以下策略。

（1）**建立 App，不能仅将销售作为目的。**否则，将失去投入资源和精力的意义，不如直接去现有大平台或代理商进行销售。应将建立全新的电商渠道作为目标，既拥有完全自主掌握的营销渠道，也可以持续获得收益。

某企业在开始推广 App 后不久，单纯以营销量为考核标准，结果导致 App 部门经营难以为继，而另一家企业则给予了充分时间，将 App 下载、信息推送和转发、评论分享等数量作为业绩进行考核，经过一年多的推广后，营销业绩得以迅速上升。

（2）**品牌应围绕产品，而不是围绕平台。**需要注意的是，传统的电商平台如淘宝、京东、当当等，目标在于树立商城品牌，但电商企业的目标应放在树立产品品牌上。无论对移动社交平台如何宣传，都需要促进产品品牌形象的成长，实现产品的更大覆盖。

（3）如果企业还进行其他社交平台上的营销推广，或者在线下有销售终端和代理商，应**注意避免销售冲突**。

例如，某服装企业每周为自建平台重点规划几款产品，其价格比线下低，从而形成爆款，而其他产品则和线下价格保持同步。以此类推，在自建平台上，不可能企业的每款产品都被消费者认可，与其陷入首鼠两端的窘境，不如突出重点。

4.3 移动社交电商之图文展示

4.3.1 图片布局

互联网阅读进入了读图时代，这一时代体现在移动社交平台上，反映为图片能更大限度地调动参与互动方的接受能力，激活其潜意识里对产品进一步了解的愿望。

为了让移动社交电商平台上的图片布局更加科学，可以利用下面的排版设计模式，不论是在微信朋友圈发布设计的图片，还是 H5 网站图片设计，都可以采用以下布局方式。

1. 上下布局

将版面分为两部分，一部分配置文字，另一部分则以图片为主，如图 4-11 所示。这种布局风格比较稳重、安静，但有可能带来呆板的感觉。为此，图片选择应该集中在活泼和动感的内容上，文字可以适当多一点，以确保版面平衡。

图 4-11　上下布局的图文形式

2. 左右布局

将版面分为左右两部分，能够让人感觉庄重、崇高，如图 4-12 所示。出于对消费者视觉习惯的考虑，如果是左中右的形式，大图片应该配置在页面左侧，小图片或者文字配置在右侧。另外，两边的图案或图文可以设置成强烈的阴暗对比效果，这能在视觉上带来更大的冲击。

图 4-12　左右布局的图文形式

3. 倾斜布局

将图片倾斜放置，或者对一张完整的图案进行斜向，这种排版效果能产生动感效应，尤其是对于富有科技含量的产品，能形成生动的展示效果。

4. 螺旋布局

让不同图片从小到大、从内到外进行有规律的渐变配置，以便形成螺旋形状。这种设计模板能够引导读者社交阅读的视线，从外向内旋转，最终落到整个文章的中心点，这种设计具有丰富的变化与动感。

值得一提的是，这种设计方式适合运用在需要多幅图片展示的页面，通常放在中心点的应该是最能突出产品全貌特点的图片。

5. 放射布局

将最重要的一张图片放在页面中心，其他次要的元素可以设计为放射状围绕排列，图 4-13 所示为笔者朋友圈发布的图片，其中，笔者本人就处于中心位置。这样既能突出中心图片的重要意义，也能起到整体统一的作用。

6. 对称布局

将图片或文字放在版面上下、左右两端分别进行稳定对称，在视觉上形成相互呼应，在逻辑上体现出相互介绍结识的作用。

7. 线性布局

将图片进行线型编排，包括横线、竖线、对角线或者曲线等，引导社交软件用户的视线或上下或左右移动。这种布局更多适合进行图片较多、文字较少的产品介绍。

图 4-13　放射式布局形式

8. 包围布局

以图案或者图形将文字介绍的四周包围，这样能够让整个产品介绍页面看起来热烈而完满，形成阅读气氛。

4.3.2　产品文案撰写技巧

好的产品文案，能够吸引有意购买者的眼球，因其内容增加转发率，提高转化率。下面的技巧，可以提高文案吸引力。

1. 陈列有利事实

首先说出产品的有利事实，无论这些事实是何种性质的。例如，“××酒曾经获得国际展览会金奖”“我们的纸尿裤是日本影响了半个世纪的知名品牌”“我家的烘焙饼干是本市第一家微信电商销量冠军”“×× 车膜是汽车网网友票选第一名”“李宇春曾经亲自品尝过的面馆”等；或者直接用数字来表现产品的价格优势。无论文字功底如何，找到产品任何一方面的优势，就可以简洁、有力地表述。

2. 三段式写作

结合新闻报道的写作特点，适应现代人阅读习惯。

（1）第一段中，简要展示全文核心，突出产品优势。

（2）分点阐述产品的众多特色，如果受到篇幅制约，可以简单列出卖点。

（3）展示诱惑，吸引用户马上购买，如提供分享优惠、展示价格打折优惠等。

3. 站在用户立场

电商文案的经典原则：好的文案写给目标对象看，不好的文案写给营销者自己看。在产品介绍文案中，一定要有完整的商品名称，包括**品牌、中文、英文、型号和最能表现其特点的术语、原理**。这样既能够方便用户知晓，也便于他们利用智能手机设备进行网络搜索。

4. 诱导用户心智

以方便理解、转发的文字，改变用户最初的购买愿望。

例如，在销售某款耳机时，一家电商使用的文字不是站在营销方角度去介绍产品，而是采用了第一人称，以耳机发烧友的身份，描述该耳机对乐曲的解析能力，展现产品带来的不凡体验。这种文字轻而易举地改变了爱好者的想法，使得他们愿意进一步了解其他信息。

5. 九宫格写作法

在一张白纸上先画出九宫格，随后在中间填上商品名称。接下来，在其他

8 个格子中填写能够帮助产品销售的突出优势，例如，设计风格、包装特色、产品独特价值、其他产品缺陷、价格优势、客户价值、文化价值、额外福利等，通过这种“自我强迫”性质的联系方法，能够构思出内容丰富而要点明晰的写作方案，如图 4-14 所示。

6. 文案竞争

在移动社交平台上，推广自身产品的同时，也要对竞争对手的攻击加以有效防御。如果电商在营销中发现竞争对手有所举措，可以在文案中有技巧地加以化解。

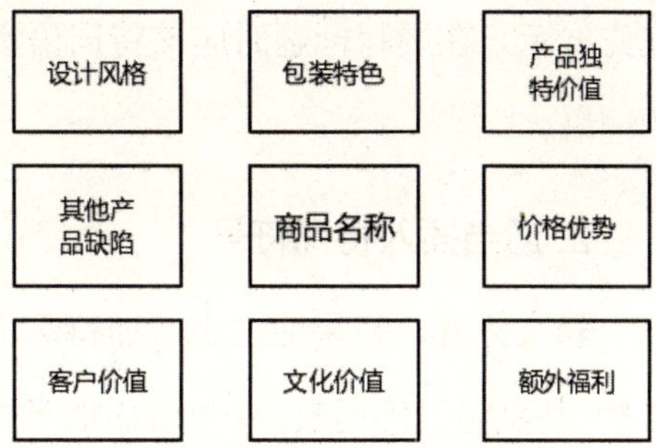

图 4-14　九宫格写作法

例如，一家箱包精品电商发现竞争对手暗示其产品价格大大优惠，于是在产品文案中重点强调“目前网络中有商家迎合消费者片面追求便宜的心理，销售来路不明的同款商品，目前已有消费者发现吃亏上当，请一定注意”。这样的表述反过来让竞争对手陷入被动，同时也轻松化解了本方的不利情形。

7. 及时修改

产品介绍文案应该准备不同时间段的版本，其中，可以分为产品全新上市时、热销时、销量衰退时等不同阶段的文案，这些文案应该注意围绕产品销售的气氛并进行优化。具体修改的内容，则应该围绕消费者购买的理由加以强调。

4.3.3　标题如何吸引眼球

好的标题，能为电商产品带来更多流量，并加深电商品牌在用户心中的分量。正确地优化标题，还能够提高曝光率，增加知名度。可以说，打造引人注目的标题，是电商实战的重点之一。

1. 产品标题紧密排列

让产品介绍标题中的关键词紧密排列，这样各大电商平台就都能优先展示了。例如，“老年 智能手机 超薄”和“超薄老年智能手机”两者相比，后者会优先展示。在撰写标题时应该将词语紧密排列，无须分开或插入其他无关紧要的词语。

2. 适当插入特殊符号

软文标题，如果能适当增加特殊符号，可以有效吸引用户注意力并增加点击量。特别是微信朋友圈，可以添加多样化的表情符号，对粉丝的吸引力非常强，如图 4-15 所示。

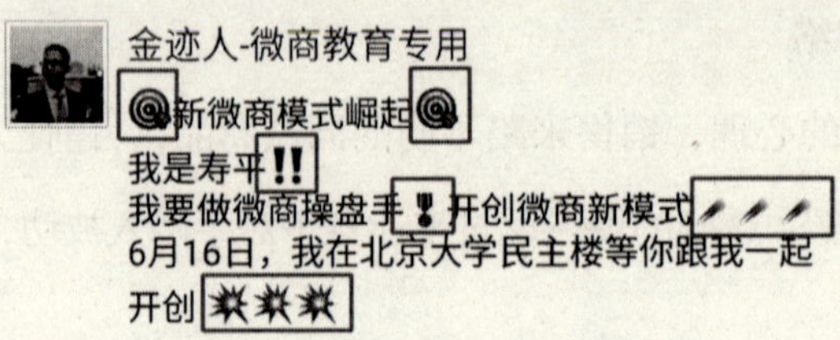

图 4-15　插入特殊符号和表情

但需要注意的是，如果出现大量特殊符号，非但不会引起用户点击，反而会招致他们的反感。可以在不影响用户阅读的情况下，适当地在标题中增加一到两个特殊符号，如■、:-D、%>_<% 等。

3. 逻辑性强

电商介绍或软文类的标题，应该尽量简洁明了、容易记忆并有强大的概括性。标题可以是完整的短句，也可以只由一两个词语组成，但无论采用何种形式，都要建立在提炼标题文字的内在逻辑上。

例如，一款无人机的电商软文标题是“飞向大海 春暖花开”，某款运动鞋的产品介绍标题是“穿上！让热血沸腾！”等。

4. 字体外形统一

一般标题的字体可以用平台默认的系统字体，可以略有变化但不能花哨。如果是直接表达产品意图和功能特点的标题，则可以在字体上选择不同的功能作用，如图 4-16 所示，为不同字体的展示效果。

黑体——《移动互联网营销实战宝典》

幼圆——《移动互联网营销实战宝典》

宋体——《移动互联网营销实战宝典》

新宋体——《移动互联网营销实战宝典》

行体——《移动互联网营销实战宝典》

图 4-16　不同字体的展示效果

(1) **黑体类字体，如黑体**，粗壮有力，充满厚重感，主要适用于电器、工业产品。

(2) **幼圆类字体，如幼圆**，带有曲线美感，圆润优雅，适合以女性和儿童为目标消费群体的商品。

(3) **宋体类字体，如宋体**，外形端庄，适用于具备一定历史内涵的商品，例如，老字号食品等。

(4) **新宋体类字体，如新宋体**，典雅秀丽，适用于时尚青春的产品，如服装、化妆品等。

（5）**行体类字体，如华文行楷**，具备动感的特点，大多适用于体育、健康等产品。

5. 引导性

在整个手机页面上，产品或软文的标题应处于最醒目的位置。其主要作用应该在于配合图片，运用视觉引导，使得读者能够自然地从标题开始向正文和插图阅读。如一款家用安全监控摄像头的标题是“谁说没人帮你看家”的感叹语句，标题和家中摄像头特写融为一体，形象地展示了摄像头的价值，让人感到安全感十足，形成了产品介绍的个性。

4.3.4 关键词嵌入

几乎没有电商不重视产品营销内容中关键词的嵌入，然而，不少小型移动社交电商在关键词嵌入的过程中出现问题，并影响其传播、排名、搜索、竞争等各方面的表现。想要避免这些问题，就必须对关键词进行合理布局、正确嵌入。

1. 不同栏目对应不同的关键词

在 App 上，不同栏目要部署不同的关键词。但许多企业的操作情况并非如此，例如，某隐形眼镜电商，在利用微信进行营销时，无论其何种档次、何种功能类型的产品，所使用的关键词都是“舒适”“性价比高”等，这就导致关键词缺乏个性，无法针对不同特点的消费人群加以推广和宣传。

正确的做法，应当是将关键词分为不同的类型。例如，主关键词同时也是目标关键词，可以放在 App 首页，或者放在普通客户群体流量最多的社交媒体账号上；关于产品功能细分的长尾关键词，适合放在 App 内的频道栏目，或者在论坛的具体版块、社交媒体细分账号上进行推广。当整个电商品牌提升之后，不同的关键词自然能带来各自更多的流量。

2. 首页关键词布局

在 App 首页，关键词数量不宜太多，一般总体出现 1~3 个即可。可以将关键词自然融入首页内容介绍中，例如“某母婴用品电商 App 为 ×× 妈妈网，网上母婴用品销量华东冠军，正品保证，全国连锁线下体验店”等。

另外，在社交媒体自我介绍或签名中，还能将关键词放在对企业的简单介绍中。虽然看似是介绍企业，但实际上却推广了产品的特点。

3. 内容页关键词布局

（1）**内容页标题。**对用户推送内容的标题进行设计，通过扩展长尾关键词的方式形成。例如，“1 岁幼儿辅食制作”“×× 奶粉发育营养参数”等标题，实际上融入了辅食制作、发育营养等长尾关键词。

（2）**内容概括描述**。在推送内容的第一段中，可以尽量多融入关键词，既能够起到对内容的全面介绍，也显得自然、真实。

（3）**锚文本**。在推送内容中的首段、末段或最具有吸引力的段落，放置以关键词设计的锚文本，并将后台链接指向产品页面、频道页面或者相关文章页面。

一般而言，不要给 App 首页做锚文本，也不要频繁地在微信、微博中使用锚文本。

4.3.5 图文混排策略

图文混排，是移动电商在页面设计中最为重要的技术。由于设备的移动化，用户花费在阅读上的行为越来越呈现出碎片化的趋势，想要呈现出完美的视觉效果，不仅需要精美照片和出色文字，还需要下面的策略：

1. 对比强化

让图片和文字相互呈现出强烈的色彩对比。例如，选择夜晚景色的图片，其背景为暗色调，所搭配的文字应该是白色或者浅色的，同样，当背景比较素雅时，文字颜色可以稍微深一点。

2. 合二为一

让文字成为图片的一部分，使得文字具备图像效果。可以挑选原本就包含了文字的图片，例如，将文字设计到图片中产品的主体上，或者使用较为简单的图片来搭配复杂的文字。

3. 视觉流文字

沿着图片的逻辑关系安排文字，即让文字和图片相互独立，文字不能覆盖到产品、人物的形象，但按照图片的逻辑顺序排布，如图 4-17 所示。例如，一款电动剃须刀图片中的文字，就是沿着图中人物剃须动作的朝向进行排布的。

图 4-17　视觉流文字排版方式

4. 模糊背景

将图片背景模糊化是非常简单的图片处理方法，这种效果能够让背景显得不那么突出，同时能够让产品和文字显得更加明确。

5. 文字框

如果宣传图片中色彩丰富、形象众

多，那么将文字放在框中是不错的选择。某美食App就结合文字和图片的形态，分别选择圆框或者方框，随后再根据图片上菜品、食材的颜色，设置好色彩，确保对比度，调整透明度，从而让文字、框、图片完美结合。

6. 背景化

将文字融入背景，一些电商在微信、微博或App中发送的图片，选用的是纯色背景，这样的图片可以融入颜色接近、略有阴影效果的文字，既提高了可读性，也不需要设计中的复杂技巧。

4.3.6 如何引导买家秀图片

移动社交电商重点，在于利用购买者之间的社交行为，打造强大的口碑营销链条。尤其是在互联网购物消费行为中，老客户的评价是新客户选择产品时最重视的参考。因此，再多的产品描述，往往都不如一张真实的买家秀图片更具有说服力，买家秀带来的并不仅仅是电商和卖家之间的互动，还有实在的营销利益。

可以用整个购物流程中的三大环节来吸引买家发图：

1. 浏览环节

买家购买之前，通常都会花费不同时间浏览产品，此时需要充分利用店铺展示中的“广告位”宣传买家秀活动。可以在店铺首页宣布“买家秀广告”的活动，从买家发出的图片中挑选最好的，展示在广告位中，同时给对应买家以优惠或奖励。这样，既能促进老买家发图，也能吸引新买家购买产品、促成订单，并重新回到店内上传买家秀。

2. 下单环节

买家向客服了解产品销售情况、功能特点，或者客服在确认对方下单之后，可以及时将店铺内和买家秀有关的活动告知对方，重点要陈述奖品的丰厚。通过双向交流，和店铺内单方面的吸引，会更大可能促成买家展示图片。

下面这段话术被实践证明很有效：

> “您好，订单已经确认，今天就可以发货了。您在收货之后，可以在客户评价中发布实物图哦，我们会有买家秀的店铺返现活动，只要发布买家秀，就能够拿到5元的返现哦。”

只要买家承诺发布买家秀，客服还可以在其收货后再次提醒。

3. 收货环节

一般情况下，客户下单之后，可能要过几天才能收到产品包裹，这很容易导致他们忘记之前的买家秀活动返现，可以通过下面的方法进行提醒。

（1）可以利用买家留下的联系方式如手机短信、电子邮件，或直接在社交平台如微信、微博上进行告知，善意提醒买家使用产品的方法，并“顺便”提示买家秀活动。

（2）在产品包裹内放入**售后卡**，售后卡提示买家收到货后及时发送买家秀。售后卡文案应突出上传买家秀之后客户能够得到的实际利益，例如，下面这段文案：“想拿现金？现在开始分享在本店的购买心得并上传宝贝照片，联系客服就能获得5元返现哦！”

4.3.7 买家评论

无论是带有图片的买家秀，还是只有文字的评论，都会影响到电商店铺的整体信誉。在淘宝等传统电商平台，中、差评往往是被卖家深恶痛绝的，也能通过种种方法予以避免，但在移动社交平台上，中、差评很有可能用更为隐蔽和直接的方式，伴随客户之间的交流传播。这就需要电商主动出击，引导买家发布好评。

怎样实现这一点呢?

1. 优质服务

既要保证产品质量，也要提供良好的服务体验。例如，买家咨询时要热情耐心，不要让买家等待太久（最好在 1 分钟内回复），对产品和行业都应很了解。物流售后方面也要有迅速的发货速度，包装在结实的同时，还要有一定档次，能够主动帮助买家解决物流方面的问题。

2. 提供惊喜

给买家提供超出预期的惊喜。某化妆品电商经常向老客户提供他们并没有关注过的小赠品，事先并不告知，这样的惊喜虽然价值不高，但却往往能触动客户，并带来更多优良评价。

3. 充分展示

通过一切手段，向新客户展示老买家的好评，例如，在微信朋友圈、QQ 群等处，每周曝光一组买家表达夸赞的聊天记录等。这样不仅能够推动销售量的上升，还可以在潜意识中引导新买家跟随，并带来更多的类似好评。

4. 有奖活动

在社交平台上展示“好评得大奖”活动，征求最有分量、最有诚意的好评，不仅如此，还可以在买家付款后通过电话、旺旺、短信、贺卡等方式提醒该活动。

5. 免费试用

某个人电商最初建立的店铺信誉较低、评价低下，于是采用了试用营销方式。店主利用微信向朋友发出了免费试用邀请，试用者在领取试用品之前，需要到店家店铺进行正常下单的购买程序并进行评价，随后由店家退款。由于是朋友推荐，店主的信誉不会遭到怀疑，试用活动过程也很完美。最终，店铺通过这样的方式收获了大量好评。

4.3.8 互动营销策略

从电商营销层面来看，积极的互动，不但能够让老顾客产生更高黏性，也能帮助店铺从活动中一次性获得大量数据，并加深新客户的记忆，达到成功推广店铺品牌的效果。

成功的互动营销，既需要良好、有效的方案，也需要强大的执行和服务。利用社交特性进行互动营销，更需要以下策略。

1. 观察顾客群，制定互动方向

在开始互动营销之前，首先要明确“和谁互动”“如何互动”的问题，从现有顾客群体的行为特征和心理习惯中找到互动方向。

某家戒烟产品的电商 2014 年开始转型经营冬虫夏草等男性保健产品，由于产品客单价较高，店长在分析了老顾客群体的消费数据之后，将活动参与者确定为有消费能力的 35~45 岁的都市男性。随后，该店根据这部分消费者策划活动，包括设置活动规则和奖品。由于这些顾客所重视的关键词是健康、活力、强韧，因此，运动健身装备和保健产品成为了活动最吸引人的部分，并带来了良好效果。

2. 互动方式选择

不同用户人群所习惯和喜爱的互动方式各有不同，既可以选择微博，也可以选择微信，或者通过手机移动端将客户导向互联网等。

一般情况下，老客户可以直接在 QQ 群、淘宝平台发布活动消息和组织活动，而新客户则更适应微信、微博。如某女装电商举行的玩游戏拿奖品活动，其规则是顾客必须要登录淘宝，并收藏该电商的 6 家店铺，再关注微博、分享活动、提供信息，虽然限制较多，但奖品产生了强大的吸引力，最终微博分享量超过了 30 万次，参与人数接近 10 万人。

3. 互动内容设计

良好的互动内容，可以让顾客们积极参与到营销中，甚至忘记了这是营销活动。一般来说，下面这些内容容易产生类似效果：

（1）问答方式。组织用户参与论坛、微博、朋友圈或 App 中的问答，并对正确回答者给予奖励。这种互动方式比较适合美容、母婴、珠宝手表、运动户外、家电等类别产品，能够帮助新顾客对店铺内宝贝的详情加以了解，同时获得他们的使用数据和消费体验。但缺点是往往容易吸引老顾客，不容易吸引新顾客，需要增加奖品价值或提高抽奖中奖的概率。另外，想要让互动变得更加精彩，还可以采取**抢答、不定时放入正确答案、随机公布中奖者**名单等技巧。

（2）创作方式。某服装电商，每个季度都会举行大型潮人秀活动，由公众评选出最潮的搭配，在给予获奖者物质奖励同时，还让他们成为时尚达人，在社交媒体上进行宣传推广，从而让顾客踊跃参与到比赛中。

类似的方式适合娱乐、文化、玩具、食品、服装等产品，其优势在于能产生较长的互动时间、较大的互动影响范围，即便不动手创作，顾客也能通过评论获得融入感。

（3）游戏活动。采用游戏、娱乐或者活动的方式，能广泛动员用户参与，也适用于广泛的产品类别，无论在电商店铺还是在微博，都能够进行。

利用游戏，用户能够轻松进入互动渠道，并因为游戏的趣味性而得以停留较长时间，不少用户为了获得奖品，可能多次参与游戏，这样，用户群体的黏性会大大提高。

例如，某钻戒饰品在 2015 年 5 月 20 日推出了“爱表白”游戏活动，邀请用户在5月20日这一天进行表白，并宣传让幸运者的表白实况视频登上其微博、微信公众号。这样的噱头吸引了许多人参与，成功引流数万人，达到了推广品牌的目的。

4.4 移动社交电商之社群构建

4.4.1 社群营销工具的选择

每个电商在进行社群营销时，都会考虑选择能够方便进行社群管理、推广和联系、沟通的工具。自从腾讯在QQ上推出群组功能之后，其软件的普及性、功能的易用性，使之成为了社群营销管理的不二之选。而近年来微信群的兴起，也成为腾讯公司内部竞争所带来的新工具。此外，还有微博群、语音频道等选择。

那么，究竟应该选择何种工具进行社群营销呢？

1.QQ群

每个群必须有一个群主，群主可以设置管理员，管理员权限较大，如群发邮件、文件或修改群信息。另外，系统对群的规模和数量也有所限制。

群内玩法较多，如匿名、等级、改名、群发消息、全体禁言、个别禁言、红包等。另外，QQ群还有论坛，并能够在群内发送任何网站链接。

2. 微信群

微信群对群数量没有特别限制，对群内人数限制为 500 人。每个群都有创建者，但实际上更接近于 QQ 讨论组创建者的角色，除了踢人之外，没有更多权力，也不支持群发任何文件。

目前，微信群最常用的功能就是发送红包，其平台也屏蔽了某些网站的跳转链接（如淘宝）。

3. 微博群、YY 语音、阿里旺旺

微博群实际上是一种论坛结构，虽然名义上有群主和群员，但并非即时聊天工具，也没有超过 QQ 和微信的体验。

YY 语音目前专用于游戏或群组学习工具，也是目前唯一能够允许万人加群的系统平台。但该工具更多限制群员之间的互动和交流，即便群员形成了彼此的认同，还是经常通过 QQ 或者微信进行联系沟通。

此外，淘宝聊天工具阿里旺旺也具备群的功能，如果社群成熟，拥有大量重复购买商品的忠实用户，可以用阿里旺旺群进行有针对性的营销。但总体来看，并不适合进行新成员引入和群推广。

综合来看，社群营销不能没有交流工具，而最灵活、最方便的工具还是 QQ 群。当然，QQ 群只是社群营销内容的一部分，建立和维护社群需要更多的技巧与策略。

4.4.2 买家群构建策略

从广义上来看，电商构建的买家社群，和互联网上其他社群并没有什么不同：社群能够强化成员的身份认同感，并由于互动和交流而愿意留在群体中。因此，电商在构建买家群时，首先应注重如何利用社群为其中成员服务。

2013年开始，在著名问答平台知乎社区中，最初只有5个人建立了“解放杯”小组，并开设了微信服务号。一年后，这个小组内活跃着超过30万女性用户，而她们关心的只有一件事情——为大罩杯的女性挑选合适的内衣。

在该买家社群中，话题不同于其他女性群的传统，不再围绕男人、婆婆、孩子和上班、减肥、美容，所有成员颇有共鸣地将胸部称为“白兔”，将内衣称为“兔笼”，以完全女性化的思维进行讨论，水到渠成地被引流为消费者。讨论过程中，电商小组会用形象的图文引导客户将穿着文胸的细节体验加以描述，并帮助客户判断胸型和参数，以此给出不同品牌的穿着建议。

正确的移动社交电商做法，必定要善于为买家打上“标签”，利用“标签”所带来的态度感，将这些人组织成为买家社群。具体来看，可以有下面的方法。

1. 建立核心目标

想要建立买家群，必须为他们确定目标。例如，可以在QQ群或者论坛网站的介绍上写出使命宣言，如某QQ群“行路人，让足音代替叹息吧”（图4-18）、某论坛“团购健身器材，让价格降下来”。

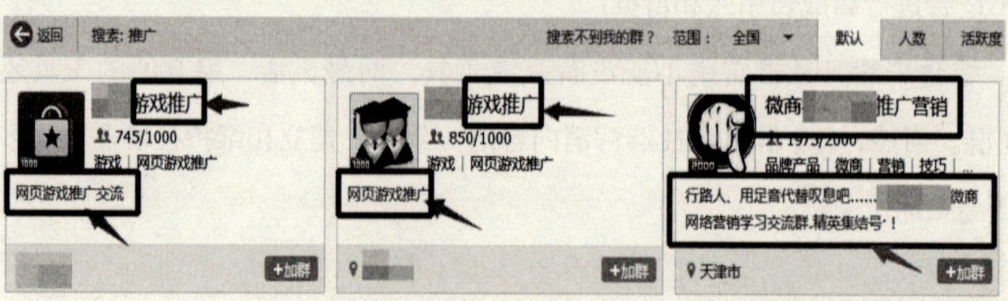

图4-18　为社群建立核心目标

2. 设计社群载体

社群载体无论是QQ群、微信群还是论坛，外形上都应该简洁、亲和，具有趣味性，并能够让社群成员积极参与。下面是开始建立买家社群的基本技巧：

（1）尽快开始组织社群活动，起码要在群空间、论坛上展示真实可信的购买记录、聊天记录等，证明社群能带给买家益处。

（2）要有清晰明确的引导，帮助新加入社群的粉丝全面了解整个社群。例如，群管理员不仅要和新成员打招呼，还要提供必要信息、表达大家的认可、了解对方的兴趣等。

（3）具备一定的提升空间。当社群扩大之后，可以采取等级会员制，某海外品牌代购电商社群，就将客户按照不同地域、不同消费水平等进行划分，并按照实际变化情况进行了及时调整。

3. 重视顾客社群初期建设

社群起步虽然可能缓慢，但建立充分的影响力并不一定要太多的成员。通常情况下，当顾客社群有了 10 余名成员，就能够开展必要的活动了。下面是一些实用方法：

（1）挑选最早的活动成员。社群刚开始建立时，电商可以精心挑选出最初的 10~15 名成员进行活动，他们应该对产品有充分的兴趣、具备各自的人际关系资源，通过感情联系并给以相应的充分优惠，让他们成为最初参与社群建设、线下活动的生力军。

（2）欢迎新成员。创建一个线上或线下的仪式，让社群成员感到有所归属。这个仪式可以只是线上填写个人资料或者发布共享信息，也可以是线下参与活动时的自我介绍、介绍朋友等，但必须要新人有所努力付出。这样，他们在心理上才会更加珍视群体。

（3）注意倾听。建立社群初期，电商营销团队成员要多关注成员之间的沟通内容，无论是否直接和产品营销有关。一旦发现有可以把握的营销机会，就应及时介入、做好引导。

某低糖食品电商，正是通过在社群聊天中的机会了解到其中一位粉丝是当地糖尿病患者协会的资深参与者并借此机会获得了新的订单量的。

4.4.3 口碑群维护

当买家群建立之后，随着社群的发展壮大，会逐渐形成口碑社群。口碑社群不仅能发挥提升销量的作用，还能够为电商品牌的推广与建设贡献更多价值。

为了维护好口碑社群，管理团队应从下面几个方向努力：

1. 管理好社群

结合移动互联网社群本身的多元化、即时性、开放性等特点，掌握下列管理原则：

（1）必要的“独裁”。要提前准备好社群的规则，并形成文字，进行公布，解释清楚违背规则所需要肩负的责任，并对触犯者施以必要的“惩罚”。当然，这种“惩罚”可以是象征性的，并可以在私下补偿。

（2）不要“乞讨”。不要在建立社群之后马上透露销售意味，更不要在社群交流中谈及营销目标、业务目标或者企业发展情况，一切与交易有关的内容都应该建立在顾客真正了解产品、形成口碑之后，否则很可能会被认为是有意进行的表演。

（3）留住老成员。一个强有力的社群来自于老成员的支持，事实说明，许多规模并不大的电商企业之所以能依靠社群形成口碑，归根结底在于赢得了老客户，老客户自身对产品有持续需求，其社交圈也必然有更大潜力。除了利用优惠、馈赠留下老客户外，还可以请他们加入企业内部研发、讨论活动。

一家具有生产能力的小家电电商，专门邀请多个老客户社群中的“意见领袖”参观厂房和流水线，并组织研讨、吸取意见，这让老客户们感到精神上有收获，并为此更加忠诚地扮演口碑传播者角色。

2. 积极创建和更新内容

用来维护口碑群的内容，主要分为以下五类：

（1）**未来活动。**需要及时预告或提示未来一周内将举办的线上、线下活动，并围绕对活动的预热介绍，进行产品形象的塑造、转发链条的开启。如利用新品发布试用活动、产品使用方法指导等，都可以形成良好的口碑传播内容。

（2）**相关新闻。**在社群中及时发布和行业、产品、使用人群有关的新闻。当社群成员传播新闻时，实际上也传播了与产品、品牌相关的信息。

（3）**开设专栏。**为具有专家身份或资深买家身份的群成员开设专门空间，如咨询 QQ 群、论坛版块等，方便新加入社群或偶尔拜访的游客能够及时、全面和真实地同社群成员交流。

一家儿童玩具电商就为群内医生、教师和全职母亲等专门开辟了微博群组，通过该群组内容传播，收到很好的口碑效果。

（4）**进行采访。**可以定期或不定期地对群成员进行采访，采访内容通过朋友圈、微博、小视频、邮件等不同方式进行推送，这样既可以培养特定成员对群活动的参与感，也能让营销内容伴随采访内容推送获得传播。此外，在系列采访之后，还可以由群管理或社群成员进行有效的总结提炼，为普通成员对产品的挑选、购买和使用提出有效建议。

3. 开展深度参与

移动互联网时代，社群粉丝对活动的参与可以分为“浅度”和“深度”两种，前者主要是点赞、一两句评论、转发、收藏，后者则对口碑的传播更为重要。深度参与能够引发真正的情感，并带给用户更好的体验。

（1）**声誉。**利用排行榜、评级系统，促进成员深入参与活动。电商可以公开用户的成就，例如，根据转发数量、评论数量或者贡献购买的数量进行综合评定，激励有竞争能力的社群成员更多参与。

（2）聚会。一家葡萄酒电商会定期在不同城市举行品酒会，让人们相聚在同一个房间进行交流，而另一家乐器电商则定期在线上进行录音交流和鉴赏，无论聚会的形式如何，都能够促成深度参与。

（3）挑战。电商可以在社群中设立激励性的团队比赛，如某装潢材料电商以家庭为单位，要求社群成员组织家人参与到室内设计比赛中，获胜者将能得到免费赠送的装潢材料。

（4）分组。让社群内的新老成员相互结成讨论组，并围绕产品体验找到共同语言，及时调整各个分组。

4.4.4 群内分享策略

构建一个有吸引力的社群，不可或缺的步骤在于群内分享。只有当社群成员发现加入群体能够获得物质和精神上的双重回报时，他们才会在群内长期活跃。

电商社群要能为成员带去价格上的优惠，更要积极组织群内的内容分享，其策略如下：

1. 价值分享

所谓价值分享，是指群主、管理或其他人士，将专门的知识、信息或渠道、资源同整个社群进行分享。

例如，如何保养真皮皮具、怎样鉴别雪茄的质地好坏、如何选购智能电视等知识，或者是海淘代购渠道的挑选、信用卡推荐等，都可以是群内价值分享的主要内容。

价值分享的注意要点如下：

（1）以一个分享者为主，在分享结束后可以由其他人补充看法。

（2）分享者应有专业身份或实践经验。

（3）分享价值内容应该提前准备，最好有稿件、视频或 PPT。

2. 话题分享

所谓话题分享，即围绕一个特定话题进行自由分享。相对前者，话题分享的参与度很高，容易激发更多群成员的兴趣。但话题分享更考验引导者的能力，需要确保讨论时的秩序和范围，以便让每个人都能参与其中。

无论哪种群内分享，想要成功组织和开展都不容易，想要做一次成功分享，应该考虑下面的细节：

（1）提前准备。在价值分享中，社群管理者要提前邀约分享者，分享者可以是群内成员，也可以是特邀嘉宾，但都需要围绕既定大方向准备价值话题素材。另外，管理者应采取适当方式检查内容，并要求分享者侧重给出有启发性质的内容，而不是单纯为了商业利益。

一家摄影器材电商，在进行价值话题分享之前，邀请了一位自由摄影师，给出的方向是“人像摄影入门常识”，在这位摄影师准备好内容后，由群主进行了检查，并提出了一些修改意见，最终成功进行了分享。

话题分享模式中，管理团队应该先确定几个适合全员参与的话题，并将这些话题在小范围内进行评估讨论，最终确定其中一个；也可以让全体成员提交各自感兴趣的话题，再由管理团队从中选择。

（2）多次通知。在确定分享的具体时间之后，提前一周进行消息通知，具体通知形式包括群内消息、群邮件或微信个别通知，提醒群成员能够按时参加。否则，很容易出现成员因为工作而选择屏蔽群消息结果错过群内分享活动的情况。

另外，进行消息通知时，还可以结合活动特点进行预热。例如，价值分享的内容，可以提前宣传分享者的专业成就与经验，话题分享则可以围绕话题先提出一些相互对立的看法，如“手动挡车好还是自动挡车好”“孩子什么时候应该添加辅食”等，让群友有提前思考的时间。

（3）宣布规则。群分享活动开始最初，提示规则，避免新朋友或者活跃成员因为不清楚规矩而随便插话、影响分享效果。如果使用的沟通工具是QQ群，则可以在宣布规则时临时对全员进行禁言5~10分钟，避免规则提示被其他发言刷新。

（4）提前暖场。分享开始之前，可以提前介绍嘉宾或进行轻松话题的分享，引导更多人上线，营造集体交流沟通的氛围。

（5）介绍分享者。如果是价值分享模式，在分享者发言之前，可以由群主或管理员主持引导，用简要语言介绍分享者的身份、资历，方便更多人进入正式倾听状态。

（6）引发互动。分享模式，可能出现缺乏发言积极性的情况，导致冷场。为此，管理团队可以提前准备好几个互动引发内容，例如，在话题分享时，主动安排人发言“我对你这种看法不同意”或“其实我还有更好的方法”等，适当制造一些矛盾气氛，以便能更好地带动讨论节奏。

（7）随时控制。如果发现在分享过程中有成员讨论范围过大，导致话题“乱入”，或者出现和主题无关的内容，此时就要由管理者及时和对方私聊，控制谈话内容和节奏了。

（8）总结。分享结束后，可以请不同意见群友代表各自发言，最后由主持人进行总结。随后还可以鼓励他们到微博、微信朋友圈分享心得。为了促使他们分享，不妨重点宣布可以获得的奖励，如“最佳分享将成为优质会员”等策略，能够成为口碑扩散的关键。

（9）提供福利。在分享结束后，对表现最投入、意见最中肯的群友发放小礼品或福利，可以是实际物品，也可以只是电子图书、视频或优惠券等，这样就能吸引下一次的广泛参与。

4.4.5 利用群推广的技巧

移动社群电商需要尽可能地设计方法，让加入社群的成员看到价值所在，这些价值既可以是无形服务，也可以包含在实际物品中，但它们都需要有对应方法去加以推广。

除了付费推广外，下面这些推广社群的技巧值得学习和掌握：

1. 打造价值点

事先准备能打动成员的产品，例如，社群电商的典型成功案例是罗辑思维曾经使用过的“霸王餐”，既有实际利益（一桌免费的好饭），也有精神趣味（免费享用），让成员心动不已。此外，还可以准备令人感觉新奇舒适的服务，或者是形式多样的沟通互动方式等。

2. 设计对应的推荐内容

最常用的社群推广内容不外乎文字、图片、音频和视频，可以结合不同客户需求的特点使用。如小米在构建社群电商时，使用的推广方式更多的为视频，从而形象地体现出手机的外形和功能特点。而青山老农作为一家新兴的女性健康产品电商，使用图片进行推广，展现了其产品绿色天然的价值所在，也符合女性客户的阅读习惯。

3. 工具组合推广

建立 QQ 社群，可以用淘宝店铺（包括旺旺）或微店、QQ 号和 QQ 群进行组合，微信社群则可以由公众号、群主个人号和微信群进行组合。

（1）首先利用个人账号进行吸粉，例如，将有过购买记录、询问产品质量的人拉入微信群或 QQ 群。

（2）在群中分享价值推广内容，包括文字、音频、视频、图片等。

（3）将反馈分享到淘宝店或公众号上。

（4）再将上述内容重新发布到 QQ 群、微信群或朋友圈。

通过上述办法，就能够将推广范围最大程度地覆盖到移动互联网上，再加之定期举行群友聚会、沙龙，推广效率可以随之迅速上升。

4.4.6　社群商业转化

移动电商界有句经典名言:“凡是不能实现商业转化的社群都是浪费时间”。然而，直接在社群中销售产品，显然是不理智的，想实现商业转化，必须有正确的要点。

1. 屏蔽竞争对手

即便运营成熟后，竞争对手也可能渗透进入社群，无论从产品上还是心智上，都会影响到社群成员。除了日常的分享交流活动之外，还要抓住一切机会去封杀屏蔽对手，这并非意味着管理团队要在群内将对方产品说得一无是处，也不是不准谈论其他产品，而是要营造“我们的社群才最合适”的概念。

某减肥社群中，群主并不禁止谈论运动减肥，但在日常沟通交流过程中，会反复强调食品减肥（该群产品）的优势在于更持久、更健康、更符合上班族的生活规律。此外，该群严格禁止一切直接销售和营销产品的行为，即便本身的产品也是在私聊中完成，这就杜绝了对手销售产品的可能。

2. 树立自我形象

长期不断的舆论引导中，通过建立群管理员的个人形象，能打造良好氛围。如多关注群成员的个人生活，多发布积极向上的正能量内容，组织一些慈善活动等。这样才能建立个人品牌，形成好感，消除人们对销售产品的内心抗拒。

3. 打造认知

成功的社群电商无一不是先形成认知再销售产品。推出产品之前，应该先通过常规化分享中的点滴渗透，让成员将群内沟通看作一种收获，并刺激他们改变原有想法。某养身酒社群就是在对各种酒类的分析课程中逐渐建立起喝酒要养身的概念的，而随后销售产品也就水到渠成的。

4. 构建围观事件

事件是在社群内实现商业转化必不可少的步骤。一家电商在推销行李箱时，利用产品质量上的优势，在社群内发布和揭秘各种资料与信息，例如，行李箱的材质、做工、外表、硬度测试结果和拉杆强度测试，并发布小视频和图片以吸引眼球。结果在短短数小时内，完成了将近 16 万元的订单转化。

5. 尝试付费群

如果产品的目标人群具有收入较高、价格不敏感的特点，或者面向的目标顾客为经销商，那么不妨采取付费群的方法进行过滤。通常来说，付费群成员并不需要太多，但却能成就有力的过滤机制，从而加快商业转化的速度。

4.5
移动社交电商之成交技巧

4.5.1 快速成交话术设计

电商销售失败的原因有很多种，归根结底都是过于想成交，导致心态不平稳。尤其是新手移动社交电商，往往试图在短时间内完成对消费者的教育，这是很不现实的。凡事需要循序渐进，欲速则不达！

要想快速成交，需要从以下几个方面做起。

1. 先了解粉丝喜欢什么

做移动社交电商，必须要学会从粉丝的图像或者朋友圈发的内容里去判断粉丝喜欢什么。重要的是要与粉丝多聊天，然后在聊的时候介绍企业是做什么的，或者产品有什么价值，不要一开始就推荐产品，让粉丝反感。切记：对待粉丝要热情，但要有礼貌的热情。只有当相互聊得投机时，才可以主动在话题中插入你的产品信息，这时的效果才会好。

2. 这个产品很好用

移动社交电商更重视用户体验完这个产品之后分享给好友。因此，与粉丝沟通的时候切记要卖给他们需要的产品，否则再推广也无济于事。为了表达这个产品好用，需要客户的体验，另外还要去赞美粉丝有眼光。最常用的话是：亲，你可以买个先试试。但此时一定要找一个理由让粉丝去尝试。只有给粉丝推荐真正适合他的产品，成交概率才大！

3. 专业知识

卖减肥产品，需要找那些急需减肥的肥胖者；卖化妆品，要找那些乐于保养的人……要学会去挖掘客户的需求，要知道他想得到什么样的价值，要去观察顾客的内心。

一家企业卖酵素及护肤产品，这两者并不冲突，酵素本身具有排毒养颜的作用，既可以帮助瘦身又能使人改善皮肤。但进一步开拓思路，酵素跟护肤品的产品搭配，效果会更好。为此，营销者必须多去学习产品的知识，例如，主营酵素产品的营销人员应该要学会养生与保健类的知识，学会指导粉丝如何保养身体、如何排毒，只有这样，在专业的知识与推荐下，客户才可能购买。

4. 赞美粉丝

对移动社交电商来讲，要明白粉丝的心态，他们大都更加相信自己的品位，甚至不喜欢别人对自己的评价甚至怀疑自己的审美。所以营销人员与粉丝沟通并成交时，首先要肯定粉丝，然后给粉丝一个选择。

例如，“你过去用的护肤品非常不错，不过对于白富美的你来说，我想用了一网打尽商城的护肤品后会更漂亮，还能让自己收入倍增。亲，要不要体验下”。这样一来，客户不仅易于接受你的建议，她还有可能会很高兴地去做体验，便大大增加了成交机会。

4.5.2 快速成交的 5 个要素

“成交”这个词对每个做微商的人来说，是能让人感到幸福和兴奋的。但如何才能快速成交呢？除了话术上的引导外，从哪些方面做才能真正保证高成交率，让每一位客户都能快速成交呢？

1. 微商身份定位

无论是线下或是线上又或者是做人，每个人都要有其身份，也可理解为个人标签、个人品牌、个人符号等，当别人看到这些或者想到这些时，就会想到产品、记得企业。

比如，企业擅长家用电器的销售，就要把自己的定位打造成为家用电器专家。如果上午发面膜产品广告，中午发养生产品广告，晚上又发家用电器广告，请问：如何让别人相信产品跟优质呢？如何让人相信企业是专业的呢？

太贪多求全的电商会急功近利，太想快速赚钱，往往忽略了专业的才是持久的、才是值得人信赖的。

2. 成交前的准备

在定位好自己的身份后应选择产品，在选择产品前，要对产品有充分的了解，一般参考的几个点，如图 4-19 所示。

（1）品质（自己先购买体验）。

（2）价格（是否匹配你朋友圈的消费能力）。

（3）对比（同类产品进行优劣势对比）。

（4）公司配置（协同资源有什么）。

（5）问题（罗列自己的不足）。

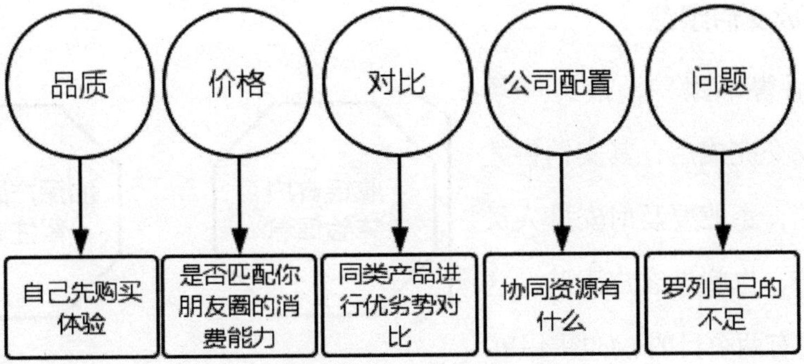

图 4-19　成交前的准备

做好以上事情后，再研究目前社交圈子中的目标客户，看看他们到底匹配哪些产品。电商起步初期，粉丝一般都是自己身边相对熟悉的人，找到他们对自己代理产品的需求点有哪些，找到自己代理的产品能为他们解决什么问题，做好相应的分析之后，再做文案，这样成交率才能提高。

3. 成交中服务

企业营销人员在与目标客户交流时，不要过于任性，如果一上来就讲产品如何如何好，就会导致典型的“王婆卖瓜”。

沟通过程中要探询需求，你可以问：

买商品是自己用，还是送人?

送什么样的人?（了解送的对象年龄、性别、职业等。）

需求了解后再进行产品推荐，与客户沟通产品能给对方带来的好处（这时需要明确你推荐的产品能给对方带来什么好处）。

只有这样，客户才觉得你是专业的，服务是贴心的，才会与你进一步探讨要不要加入代理、要不要了解代理后的收益等。

4. 成交后跟踪

“销售不跟踪，最终一场空”！成交完成后，其实销售才刚刚开始，企业要及时安排人员进行回访，也就是客户跟踪。这样做主要有两个目的，如图 4-20 所示：

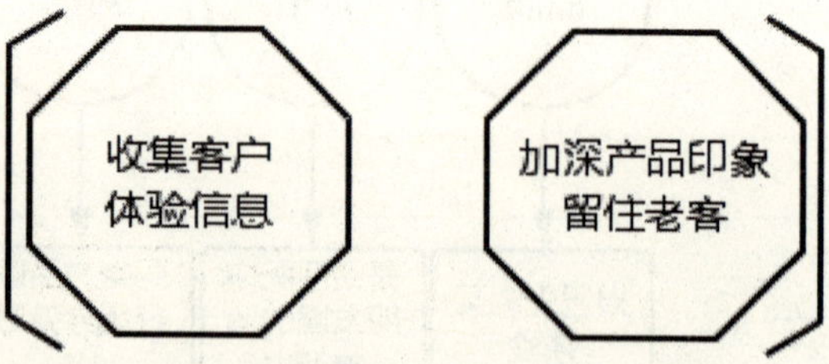

图 4-20　客户回访的目的

一是收集客户体验信息，有没有问题？问题是什么？是哪里产生的问题？

然后将收集的问题整理罗列，以便于下次调整，避免下次再犯同样的错误。给客户一种重视和尊重的感觉，并明白企业不只是为了卖给他产品而更关注他的意见。

二是加深顾客对产品的印象，背后的声音就是提醒顾客如果需要再来购买。另一方面，开发新客户的成本是维护老客户成本的 10 倍以上，这个成本不只是金钱，更多的是人力和物力。微商的销售更多的是靠口碑，在这个渠道客户倍增，老客户更是重中之重。

5. 要求转介绍

如果打好基础，转介绍是水到渠成的事情，这也是要做好成交前、中、后三环节工作的重要性。须知，客户好友一般都是跟客户消费能力比较接近的，这就是所谓的转介绍圈子。朋友圈惯用的晒图分享，其实也是为了达到这个目的。

4.5.3　营销礼仪禁忌

销售过程，无疑需要有良好的沟通技巧，任何沟通的基础条件都在于符合礼仪。互联网世界并非虚拟，而是人类社会的真实表达，建立在移动社交平台上的电商营销，也同样需要遵守其特殊的营销礼仪，避免出现问题。

在和顾客沟通交流过程中，应该注意避免下面的禁忌：

1. 避免主观随意

尽量不要和客户群体用主观表达的语气谈论问题，对很多问题不应随意得出结论，否则，难免会让顾客认为企业太过自我和强势，进而拒绝购买产品。

例如，随便抨击一些同类产品，“我觉得 ×× 产品就不行”“×× 品牌？那可是很廉价的”等，或许顾客本人或亲友正在使用这样的产品。又如，直接否定某种生活习惯或传统，“这种饮食习惯是错误的”“怎么能这样教育孩子”等，即使观点正确，但表达方式却让顾客难以接受。事实上，婉转、和缓与客观的表达，尤其要尊重顾客现有的态度和需求，这才是正确的沟通态度。

2. 避免触及隐私

无论和顾客多熟，除非顾客主动提及，否则不要在营销中触及对方的隐私。不要认为你和顾客能够通过交谈隐私来拉近距离，事实上，不少顾客都会因此产生反感，最终错失的是营销机会。

即便是由于顾客聊天内容谈到隐私，也要学会及时中止。这是因为顾客（尤其是女顾客）往往是感性的，她们在情绪冲动下很可能将一些感受、秘密和陌生人分享，而一旦恢复冷静，很可能“迁怒”于对方。

某化妆品电商营销员工曾经在聊天中了解到一位女性顾客面对丈夫出轨的困惑，当时两个人沟通很深入，员工为对方出了不少主意，但一段时间后发现，这位顾客不仅没有再来光顾，甚至还退出了聊天群。事实上，类似情况并不少见，其原因就在于营销过程中与顾客距离太近。

3. 避免口头禅

生活中，人们很容易使用某些语气词来表达自己的情绪和感受，但在移动互联网社交中，这样的语气词由于“视觉化”而往往显得更加突兀。

某位电商营销员工喜欢在生活中说“我不管”，由于是年轻女性，并没有被人太在意，但她在从事社交营销之后，依然保持着这样的习惯，结果在聊天中被顾客认定是在推卸责任，产生很大误解。可见，开始做社交电商之前，要多检查自己聊天、发帖过程中有没有口头禅，并尽量避免。

另外，一些人喜欢在聊天中插入表情。一般情况下，插入笑脸、握手、抱拳等表情，只要不是太多，不会引起顾客的不适。但如果随便插入抱怨、流泪、哼哼等带有讽刺挖苦类含义的表情，即便不是有意为之或是为了调节气氛，也很容易引起误解，同样需要着力避免。

4. 不要用质疑语气

采用质问或强硬态度和顾客交流，是社交电商营销大忌。千万不要用“知道么”“你明白么”“你懂不懂”之类的文字来表达，这不但让顾客感到你在怀疑他，同时也会使其觉得营销者缺乏必要的社交素质，从而怀疑产品或服务的质量。

5. 不要夸大其词

过分渲染产品的功能，或者抓住顾客急于求成的心理，片面夸大产品能够带来的功效，例如，“有了这款产品，你就永远不需要……”“买下这款产品，会让你再也不……”等极端词语，会让顾客感觉营销者只是为了卖出产品，并不客观。换而言之，一旦在使用过程中顾客发现了产品的问题，就会油然而生被愚弄感，以至于再也不会问津。

4.5.4 提升互动频率之技巧

社交电商，没有社交，电商就没有对应的销售。一切销售行为，都或多或少地离不开互联网上的互动，提升互动频率的技巧，必须加以掌握。

1. 原创内容

从 2013 年以后，移动互联网上的内容大为丰富和增加，无论是 QQ 群还是朋友圈，都会随时产生新的热点。因此，与其通过不断转发既有内容来吸引注意力，不妨多做关于产品和服务的原创内容。

各级代理之间、同一销售团队内部所转发的同质化内容应适当，最多每天 1 条，最好能够每周两三条，其余部分则必须用下面的原创内容引发关注和评论。

（1）**故事**：将和产品、服务有关的人、事写成简短故事，积极进行展示。例如，在小米论坛上出现过多次雷军创业的故事。

（2）**感想**：作为营销团队中的一员，将个人想法作为微信朋友圈分享内容进行展示。例如，“我们的产品帮助一位退休母亲获得新的工作机会，感恩！”，并配发图片。

（3）**段子**：把围绕产品销售、提供服务所产生的趣事进行加工，形成原创幽默段子，最好配上搞笑图片，进行有效展示和传播。

2. 礼尚往来

电商和顾客之间的互动是相对应而自然的，但在接触前期，电商必须要多主动付出，才能赢得回报。千万不要像普通互联网社交那样，被动等待别人发现，否则只会陷入僵局。

（1）及时评论、点赞。无论对方是老客户、新客户，还是仅仅咨询过的朋友，对其朋友圈、QQ 签名、QQ 空间动态中任何有意义、有价值的内容都应及时评论、点赞或转发。尤其是美食、亲子、恋爱、闺密、好友、集体聚会、旅游风景等内容，更应及时关注。在有文字的评论中，还应该注意内容的个性化，不要单纯说“好”“赞”或者敷衍了事地写上几个字，而应花费心思和精力给以真诚的回应。

（2）适当红包。在QQ群、微信群中，每逢双休日、节假日或者任何人气集中的时候（视用户特征而定），都可以发放数量适当的红包，加强互动。在红包发放留言上，可以填写产品最新信息，或者提醒下一次集体分享活动等，如“记得周六的课程哦”或者“我家新品又上架了”，都可以伴随红包进行留言。

（3）介绍朋友。如果发现原本不认识的顾客之间有共同兴趣、爱好，或者是相同或类似的职业，不妨在电商社群中划分出新的小组，让他们拥有沟通与活动的空间。

某女性服装电商根据顾客的工作性质分为外企、民企、学校和公务员等群体，组成新的分支QQ群，这些社群内部不仅讨论服装搭配，还会伴随沟通的增加，将话题延伸到工作、生活、情感、美食等方面，随之而来的是更多的互动。

3. 征集型互动

征集型互动，意即征求所有顾客的智慧，让他们能围绕某个问题提出看法和建议，这种寻求答案的方式，能够让顾客心中产生充分的参与感和成就感。

例如，某海鲜电商在朋友圈发送一条：我买了新鲜的阿拉斯加鲑鱼，应该怎么做才好吃呢？希望大家给我出个主意！很快，许多顾客都提出了自己的看法，还有人将话题延伸到配菜、酒宴和吃法上去。这样的互动效果，容易在最短时间内引发最大范围的效果。

另一种互动形式也适合招募代理、征集加盟的电商，如“最近我做了××产品，大家觉得这个领域前景如何”。这样的互动比那种硬性发起的互动更有吸引力，也更能“钓”出真正有看法、有资源的加盟者。

4.5.5 客户嫌贵怎么办

当顾客说价格贵时，说明其不仅在为金钱纠结，本质上还在于怀疑自己能得到的价值。营销方可以针对不同类型的质疑进行回应。

1. 直接表示价格昂贵

（1）**比较**：可以和同类产品比较，如“**×× 牌子价格还要更高贵，其实功能都一样，我们的产品比较便宜，质量还更好**”。也可以和相同价值的其他物品比较，如“这款婴儿理发器还附赠给宝宝的润肤露，如果单独买同样的润肤露，价格也要 ×× 元”。

（2）**分解**：将产品的不同部分进行拆分，逐一体现其价值。如“**我们的微波炉，其面板采用 XX 合金，内芯是微电脑控制，电源也采用了最先进的安全技术，这些项目都有专利，每一项都价值 XX 元以上……**”。

（3）**分配**：将产品价格分解到不同的时间单位，这种话术尤其适用于高档产品。例如，“**买一件普通衣服只能穿几个月，而我们的牌子就不一样了，可以几年都穿着，如果按 XX 月、XX 星期、XX 天算，您其实每天花的钱更少啊**”。

（4）**赞扬**：这种方法能够让顾客为虚荣而埋单。例如，“亲，看您的购物消费历史，就知道一定很注重仪表（或者家人、健康、生活品位、社交圈），所以不会舍不得的”。

2. 讨价还价

一些顾客喜欢讨价还价，面对这种情况，绝不能表现出不耐烦情绪，而是要耐心应对。

（1）**得失**：讨论顾客交易所获得的得失而不是价格。如“其实，购买这样的净水器是对家人健康投资，所以贵一点，才能让您的投资更安全”。

（2）**底价**：直接告诉对方这已经是底线了。如“这个价位目前已经是全网最低价了，我也想卖给您更低价格，但是实在做不到啊”。

（3）**坦诚**：坦率告诉对方自己有更低价格的产品，但是价值相差太多：“如果您非要更低价格的，我可以申请特殊渠道进货，但是无法确保会有您想要的效果。”

3. 提出其他渠道更便宜

顾客提出竞争对手价格更便宜，并不代表他确实心仪对方的产品，否则就不会前来咨询了。这实际上依旧是认为产品昂贵的另一种表达方式。

（1）**分析**：虽然顾客口头声称看重价格，但实际上他们之所以没有去购买其他渠道，还是在意产品品质和售后服务，抓住这种心理进行分析，能够打消他们的疑问。如“亲，虽然他们的可能更便宜，但我们售后服务好，能够为您提供 ×× 服务，可以随时进行咨询，这些项目都是免费的，你在其他地方买，这些都需要另外花钱做，实际上还会更浪费”。

（2）**转向**：选择“避重就轻”，转移顾客的交流重点，即不用说本方产品的优势，转而说竞争对手的劣势，通过反复引导来解决顾客的心理问题。如“其实我们买东西都想占便宜，但我在行业里真没有发现能用比我们还低的价格提供同样品质和服务的产品。上次我同学（亲戚、朋友）在某家买了 ××，没几天就不能用了，也没办法维修……”。

（3）**提醒**：用比较严重的事实来“恐吓”顾客，提醒他们不要因为贪图便宜而因小失大。例如，“选择便宜的东西是可以省钱，但毕竟产品是给你的孩子（或家人、朋友、上司）用的，万一因为产品质量问题带来麻烦，真是得不偿失啊”。

4.5.6 客户不信任怎么办

营销成功的过程，就是打造信任关系的过程。如果始终无法建立足够信任，即便能够引来再多的流量也无济于事。

建立电商强信任关系的步骤，可以分为以下几点：

1. 打造专业形象

专业的电商营销形象，来自于下面几个方面：

（1）统一昵称。从店长、销售到客服，都应该有统一昵称，听起来就会比冰冷的产品名字好。例如，著名的淘宝电商三只松鼠，其营销人员全部都以“鼠 ××”作为统一的 QQ 名和微信网名。

（2）统一头像。利用真人照片作为头像（最好是有统一服装和标牌），能够让顾客在接触不同客服时感受到同一家企业的整体感，而真人照片比之其他类型的照片更容易引发信服感。

（3）统一朋友圈封面。企业可以专门制作统一的朋友圈封面，并要求各员工、各级代理全部统一使用。在封面图片中一定要突出产品形象。需要注意的是，封面图片应尽量找横版照片。

（4）统一个性签名。个性签名是电商营销团队成员对各自昵称的补充，可以将个性签名开头部分予以统一，例如，×× 服装、×× 化妆品，随后以分隔符区分后面的个性内容。如果是个人电商，不妨也对签名精心设计，包括注明产品领域、指导服务态度的格言等。

2. 支付方式

在电商起步初期，尽量使用支付宝等可信度高的平台进行支付服务，不要将支付手段限制在微信转账、银行转账等单一方式上，这样的方式往往是即时到账的，对于不了解的顾客来说会产生较多顾虑。

3. 共同点

要和客户结为同一种人群，拥有近似的生活方式、价值观和关注内容。即使营销人员原本不是，也要通过不断学习融入顾客群体。

例如，客户目标群体为事业有成的中年男性，销售人员在日常就要多浏览有关投资、经济、市场等方面的时事新闻，并了解高尔夫、旅游、汽车、股票、金融、房地产等方面的知识，了解中年男性的家庭角色、身心特点等。只有让自己和对方有越来越多的共同话语，才能获得信任。

4. 分享体验

直接向用户分享对产品的使用体验，例如，“这款眼镜戴起来很轻便”我把这盒巧克力带到办公室，同事都停不下来”等，不仅如此，对于那些要求较高的顾客，还应该有更加深入的评析，例如，对产品参数的列举、技术的分析，以及这些抽象特点所产生的实际效果。

此外，**不要只是分析对本方产品的体验，还可以将其他类似产品的体验与顾客进行分享，并力求公正、客观。**

通过有技巧的分享体验，用户会在潜意识里相信你对产品很在行，并对相关知识有深入研究，也确实是相关专家。

5. 广告比例

多在 QQ 群、微信中发放软性广告、软文，并一定要加上阅读之后的感受，这样才能方便不同的网友进行阅读。偶尔发送硬性广告，并加上链接，这样能够让他们了解到具体的购买途径。与之相反，如果每天硬性广告刷屏，很难让顾客产生好感基础上的信任。

4.5.7 如何提高客单价

店铺流量相同的情况下，想要提升电商销售业绩，必须要牢牢抓住每一位客户，努力提高其订单金额。想要实现提高客单价、让每位客户销售价值最大化，有以下办法。

1. 设计销售订单模板

电商销售过程中都会使用产品销售的清单，不妨改变设计模板：将顾客可能要购买的产品默认为一次性清单，然后再由其一步步勾选那些想要的产品、删除不想要的产品。采取这种模式，能够让顾客更加周密、仔细地了解每件产品的价值，并因为心理暗示而无形增加购买数量。

2. 组织团购

电商可以每周都定期推出不同产品的团购活动，并通过销售人员鼓励那些价格敏感型的顾客积极参加。相对来看，每笔购买金额减少了，但那些原本不打算购买的顾客却加入了购买，本质上提高了客单价。

此外，将团购看作提高客单价的手段，就没有必要对人数限制太多，例如，一家运动服饰店会授权销售人员主动提出为不同顾客进行拼单，这种拼单实际上就是灵活多样的小微团购形式。

3. 适当促销高端产品

当电商营销迈入成熟阶段后，可以设法在店铺日常营销过程中推出高端产品促销活动。通过这种方式，让顾客享受到更好的产品体验，并培养他们的购买和消费习惯。

某保健食品电商推出了一种会员积分服务：当顾客的消费积分达到一定额度后，将会得到用半价购买高端产品的短期资格，这很好地提升了顾客体验，增大了他们之后购买高端产品的可能性。

4. 训练专业销售人员

销售人员的个人素质，是决定客单价不断提高的重要因素。电商管理团队应对销售人员有更高要求，利用业绩考核、提成刺激和业务培训，开发他们的潜力空间，尤其应围绕互联网销售中如何引导客户“趋利避害”的思维进行。

5. 扩大一站式购买范围

不妨考虑将产品目录、营销内容进行规划与整合，以便于顾客进行一站式购买。如某电商原先将手机、便携投影仪和移动硬盘分别划分在不同渠道、不同营销团队进行销售，经过调整后，由“一站式购买”的营销团队将产品接手，并把三者结合、统一销售，在价格上则用产品套餐的方式予以优惠。

6. 赠品活动

展开特价活动固然能够加大顾客的流量，然而如果频繁开展类似活动，也会降低顾客的订单金额，不妨采取赠品活动来进行取代。

某儿童零食电商采取购物送玩偶的方式来计算积分，顾客每次消费都会给孩子带来一个玩偶，如果集齐全部，就能得到更大价值的免费赠品。这种活动的吸引力会不断将顾客拉回店中，贡献更多价值。

7. 积极关联销售

利用补足价格或快递费机会，积极提升订单数字，实现关联销售。一家电商咖啡豆淘宝店铺就采取了类似方法，当订单到达一定数额以上时，该店销售人员会建议用购买糖包的方式获得免邮费权利，或者能够补足价格从而达到优惠条件。不要小看一两件小产品，积少成多，既能够让客单价有效增加，也让顾客感到服务带来的便利性。

8. 提供延伸价值

电商不应只是简单地卖产品，否则，面对越来越同质化的竞争产品，很难提高客单价。不妨围绕顾客的需求，帮助他们设计出不同的使用和体验方案。**当方案有所不同之后，顾客眼中的产品也就有了差异，并随之出现愿意为差异优势付更多价格的人。**

尤其值得注意的是，在保健、运动、化妆、培训、美食等领域，电商都能够采取类似方法打造差异化。

4.5.8 如何安排时间

正确安排和分配时间，能够让一个人、一个团队乃至一家企业的效率都得到迅速提高。同样，当电商面对来势汹汹的移动互联网社交趋势时，只有正确分配时间，才能大幅度提高成交的效率。

绝大多数电商不可能将所有时间都花费在同顾客进行直接交易上，相反，他们要懂得如何安排时间互动、如何传递与分享价值，最终才是具体成交阶段。

1. 互动时间段

利用社交工具，以占工作整体 40% 的时间去和社群粉丝、流量用户和新客户进行互动，设法提高他们对企业的信任，从而有机会购买产品。这也是电商营销工作中需要花费最多时间的事情。

2. 分享时间段

花费 30% 的时间，分析粉丝、代理或顾客具体需要的价值，这样的分析必须垂直而精准。例如，仅仅知道在朋友圈分享给顾客有用的产品是不够的，电商还要判断顾客觉得“用途”是什么，是健康、快乐，还是信心、虚荣，或者是关心、服务。营销人员需要有充足的沟通技巧，抓住不同类型对象的需求目的开展营销。

3. 沟通时间段

分享到达一定程度后，顾客往往会主动询问，又或者在回答询问时表现出较大的兴趣。每天花费约 20% 的时间向顾客发送邮件或信息，并开展问答咨询活动，当然，对于一些附加值高的产品，这也需要营销人员具备专业的产品知识。

除去上述时间段外，所剩的 10% 时间即专门的成交时间，坚持在这样的时间段分配下耐心工作，成交将水到渠成。

4.5.9 如何帮助客户做决定

没有客户最终形成的决定，就不会有成交的实现。然而，越来越多的电商营销者发现，顾客的决定主要来自于其个人意志，很难受到营销者的直接影响，在快节奏的社会生活中，如何尽快地了解客户需求，如何知道他们的喜好，如何引导他们做决定，都是摆在营销者面前的实际问题。

不妨看下面的对话案例——

顾客：你好，在朋友圈看到你们家首饰销量不错。

导购：是的，您想看看什么？

顾客：我想选一款吊坠。

导购：那您是给谁买的呢？

顾客：给我女儿。

导购：那您女儿喜欢什么样的？是黄金、铂金还是珠宝、玛瑙？

顾客：这个我不大懂，我是她爸爸。

导购：好的，看来是给孩子准备的惊喜啊！我想要了解下您女儿的情况，可以么？

顾客：当然，当然。

导购：您女儿多大？平时是不是爱运动？身高和肤色怎么样？

顾客：她今年22，不太爱运动，身高普通吧，皮肤比较白。

导购：嗯！大概上班了？

顾客：是的，刚毕业不久，在外资企业做文员。

导购：好的，既然这样，我建议您选18K金吊坠，这个礼物比较有纪念意义，而且造型时尚，黄金也能保值，具有传递祝福的含义。（发送过去几张不同的金吊坠图片）

（一会儿之后，顾客发来其中两张图片）

顾客：我觉得这两款比较好，要不我给她看看再说。

导购：她现在不在您身边？

顾客：是啊，她出去和同事聚会了。

导购：哦，看来她很活泼开朗、擅长社交吧！

顾客：（笑脸）是的，她人很好，同学们都喜欢和她相处。

导购：那我个人建议这一款呢。您看，这款造型活力四射，形状也大气，非常符合您女儿活泼开朗的性格，非常适合您。如果您给她现在买了，就会带去惊喜，如果提前让她知道，这份礼物的价值就减少啦！

顾客：你说的也对，我就是担心这个，好吧！我怎么付款？

在这个案例中，导购通过一步一步的提问和解答，最终帮助顾客做出了决定。这位导购将传统销售中的话术和互联网销售社交性、互动性强的优势加以结合，最终保证了顾客的买单率。从中能够看到下面的方法和技巧：

1. 判断顾客类型

为顾客做决定，离不开对顾客类型的判断。这包括下面的环节，如图 4-21 所示：

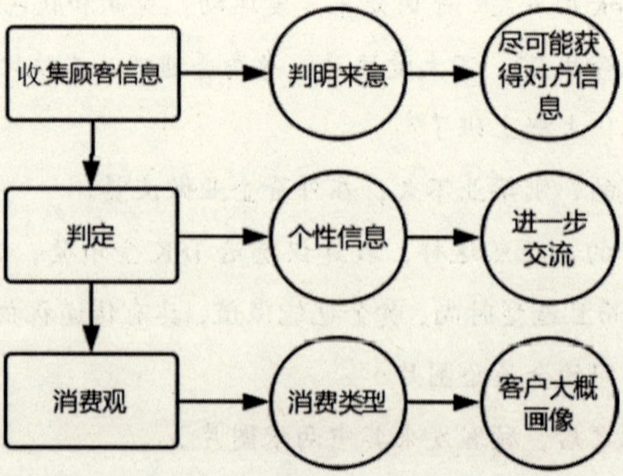

图 4-21 判断顾客类型的步骤

（1）有效收集顾客信息，通过寒暄、问好、初步聊天判明来意和分析言谈语句，通过互联网交流，尽可能多地获得对方信息。

（2）判定其性别、年龄、学历、社会阶层、收入水平等个性信息，以进一步交流。

（3）利用进一步交流，掌握顾客性格特点，尤其是其消费观，以确定其消费类型。可以从价格上分为价格敏感型和不敏感型两类，从要求上看，又能分为产品细节注重型和不注重型、要求明确型和不明确型、果断型和犹豫型等。如此，便可以做出客户大概画像。

2. 解读顾客目的

解读顾客目的，并不只是简单提出问题，如“您想买点什么”，营销人员应逐步分析，包括对方想为谁买，如果是为别人买，那么是希望自己做决策还是接受礼物的人决策，如果是自己做决策，那么顾客对于接受者又有多大程度的了解……这些问题往往可以通过实际交流在服务过程中一步步体现出来。

3. 给出顾客选择范围

针对顾客所表现出的特点，结合产品功能、细节、质量和价格，为顾客提供几种产品进行选择。需要注意的是，如果顾客在沟通表现出对其中某一因素的尤其重视，就要侧重加以照顾，例如，某顾客如果着重提出“我只能接受2500元以下的手机产品”，就必须先尊重对方的要求进行推荐，如果随后有机会推荐更高价格的产品，可以围绕其次要要求如“听音乐要方便”“屏幕要大”等加以挑选并提供推荐产品。

4. 引导做出决定

这个步骤可以由下面过程构建：

（1）描述产品，通过图形、文字、视频等，将产品特点呈现出来，重点在于突出符合顾客要求的一面。如果顾客满意，则成交。

（2）如果顾客表现出对产品的犹豫，则需要进一步提问，并从顾客的语言中分析其犹豫源于对何种方面的不满，或者是对哪些方面的不肯定。

（3）解决顾客的不满，可以重点强调产品的功能如何，以解决不满，或推荐新产品解决。

（4）建立信心，帮助顾客重新认识产品，建立其对产品的信心，或者推荐新产品来让顾客加以确定。

（5）在上述过程中，适当穿插对顾客购买到产品后所获利益的描述。

（6）提供支付方式并实现成交。

4.6 移动社交电商之维持客户

4.6.1 分类客户，制定策略

“知己知彼则百战百胜”，借助于移动互联网进行营销，也同样需要利用信息对称的优势去充分了解客户群体，进行精准分类，并制定不同的吸引和维系策略。

在电商实践基础上，可以将客户分为下面的 11 种类型，其特点和针对其特点的解决策略如表 4-1 所示。

表 4-1 电商客户分类

	特点	解决策略
怀疑型	①曾经有过糟糕的电商体验。 ②难以迅速产生信任。 ③缺乏产品知识	①有耐心地将产品知识加以普及，针对需要的重点内容详细介绍。 ②提出问题，寻求对方无法产生信任的原因，设法消除其心理障碍。 ③平时多联系沟通，形成亲近情感，从而成为顾客愿意咨询的对象
懒惰型	①依赖性强。 ②已经很信任电商，又或者缺乏对真实需求的了解，购买意愿不强	①通过提问了解清楚顾客的需求意向内容和程度。 ②平时寻求和产品无关的话题，找到共同语言，让彼此关系融洽，并留下好印象

续表

	特点	解决策略
忙碌型	①生活节奏快、工作忙碌 ②有消费需求	①抓住重点沟通，加快效率。 ②平时适当多发送和产品有关的邮件、短信，及时联系，并摸清楚老顾客的生活和工作规律
独立型	①有着坚定意志，相信个人眼光。 ②对意见采纳度较低	①赞扬对方了解产品的知识，不轻易提出问题，同时简单地回答任何提问。 ②充分展示个人对产品的熟悉程度，获得对方信任，并进一步发现其真实需求。 ③平时减少针对其进行的营销宣传，而是让其有充分机会向其他用户展示知识和能力
犹豫型	①瞻前顾后、容易眼花缭乱。 ②有还价意愿但无法坚持	①重点在于坚定顾客信心，让他看到销售数据，并多发送老顾客的消费体验。 ②适当主动提出拼单、降价、免邮等，让顾客感到惊喜
低意愿	①表现为聊几句之后就突然消失或下线，无从开始产品营销。 ②并没有太强的需求，只是上线看看新产品或打发时间。 ③可能其经历过被强制推销的痛苦	①不要一开始就询问需求或介绍产品，适当制造轻松愉快的气氛，像朋友那样交流沟通。 ②不要采取“盯人”战术，即不要总是发现对方一上线就交流，也不要在对方朋友圈更新时马上评论。如果对方不喜欢交流，可以等待时机让其自己说出原因。 ③确保向对方推荐的产品或活动都是能带来高体验的，能够让对方产生惊喜感
价格敏感度高	①这种客户很可能受到收入限制，喜欢杀价。 ②觉得如果自己按照标价购买就一定会吃亏	①强调产品质量，凸显性价比，并用其他更高价格的产品表明店内档次。 ②适当提供折扣之外的服务和价值上的延伸，使对方有“受惠”感。 ③举行团购、降价等活动，必须提前多次通知，这类客户往往会受到充分引导
询问型	①有具体商品需求，但购买迟疑，总是想货比三家，想用最便宜的价格购买。 ②空闲时间多，对互联网了解，纠结于不断询问、了解	①发现对方特点后，及时展示产品的独特性，确保其不会再有动力去其他渠道。 ②反客为主，及时告诉他在其他渠道上有类似产品，既能彰显本方信心，也能方便顾客作比较。如果能“顺便”一提本方产品的特点，就更具备打动力了

续表

	特点	解决策略
理智型	①不轻易做出回应，无论客服如何介绍，大都只是用“嗯”“哦”“知道”作为回答。 ②对推荐产品不感兴趣，只想看自己发现的产品	①如果对方兴趣不高，可以暂停沟通，但需要在停止沟通前将产品最大特点充分传达到位。如“我们这款产品是全网最便宜的”，然后再发送几张其他店面价格更高的产品截图。 ②如果发展为老客户，可以多同顾客围绕生活、事业等领域进行交流，从而深入了解，达成默契
“专家”型	①信息准备充分，有很强的表现欲，在沟通中经常表现得无所不知。 ②通常这类客户集中在男性消费群体中	①夸赞对方了解产品、爱护家人等，充分倾听顾客心声，等其表现完毕之后，再做进一步沟通。 ②对顾客言谈中出现的错误观点，要加以婉转地纠正，而不能直接形成对立意见
挑刺型	①脾气不好，不讲情面，即便对产品有兴趣，也要找出毛病。 ②为了虚荣心，或者是为了之后的讨价还价	①对这种顾客要回答谨慎，不要简单地认定其是在挑毛病，很有可能一旦毛病解决就能成交。 ②如果是较为熟悉的顾客，可以提前告知对方产品存在的瑕疵，再突出特点优势。例如，“这款衣服不好搭配”，但是“非常适合你夏天穿”，又如“这款巧克力热量高，吃了容易胖”，但是“口味非常独特，很新颖，可以少吃一点”等

4.6.2 会员客户维护

移动电商和传统电商一样，较多关注于引流，无论成本高低，众多电商都希望能够不断地曝光和展现，引导新顾客进行消费。但与此同时，“发起引流—吸引新会员—变成老会员—老会员流失”的模式也成为了噩梦般的循环。

解决类似问题，必须从做好会员顾客的维护开始。

1. 对会员等级进行细分

不要将会员顾客“一视同仁”，相反，应该根据会员近期消费频率、消费交易额、交易量、转介数量等数据，事先建立积分模型。随后，再利用这套模型去对每个会员客户进行测量和计算，并以星级加以排名。最后，再根据星级不同，分别发送不同价格、不同功能的产品信息等，这样，会员之间就会产生竞争意识。此外，那些需求程度高的用户、需求程度较低的用户，也不会因为受到打扰而产生负面情绪。

2. 强化等级作用

用户即便有了会员等级，但并不一定具备等级意识并产生作用，依然需要电商进行积极有效的引导。其中，发送不同条件的优惠券是重要方法。

例如，某店二星级别的会员主要为 3 个月内入店多次的消费者，根据统计，该群体客单价大多保持在 200 元上下，基于这群用户的消费习惯，该店推出了满 200 元减 20 元的优惠券，这让二星级会员既能享受到优惠，又可以为店铺继续带来更多销售。

与之相比，一星级级别的会员，通常为 3 个月内只消费一两次的顾客，这部分顾客大多对该店产品有一定认可，但目前需求不多，因此，该店决定为这一部分人送出半年包邮卡。基于人的心理因素，这部分会员中将有一部分会在半年之内到店内了解产品特点，这样，一星级会员对店的黏度也会有所提高。

3. 后期充分追踪

在前期建立了电商顾客会员关系、等级划分和专享特权之后，顾客的管理工作只是开始。必须准确、有效地统计其中每个人的数据，筛选出有价值的信息，才能对后续活动如发放优惠券等进行有效、及时的调整，以便让店铺的客户关系得到更好发展。

下面是需要追踪的会员数据：

（1）个人信息。最理想状态下，应该收集顾客的信息，如其姓名、性别、出生年月日、手机号码、邮箱、通讯地址、微博账号、微信账号、月收入、工作单位性质等。对其中一些数据的收集，需要具体技巧。例如，可以采用微信发放红包、寄送免费试用装等方式进行收集，也可以通过办理会员时填表来获得。

（2）消费数据。

包括会员近3个月以来的所有消费记录、多次购买产品、平均回购天数、购买的具体时间段、产品价格、单次消费价格等。

无论采取何种方法分析上述数据，都必须在正式开始分析之前确保数据的真实、准确与有效，这将能够避免数据错误带来的问题。

4.6.3 挖掘潜在客户策略

面对互联网上众多前来咨询或愿意与你沟通的朋友，应该尽可能快地判断出对方是否为潜在客户，对于电商而言，这相当重要。不可否认的是，如果对方购买意愿度很低，只是想找人聊聊，那么与其沟通所产生的价值将远远不如发现对高需求客户的维护。

下面是迅速判断并发掘潜在顾客的技巧：

1. 抛出话题法

试探性地向对方抛出话题，询问对方之前是否有过购买和使用同类产品的经历，例如，“请问以前所使用的高档办公文具都是在哪里购买的”“上一次您给家里上网买海鲜感觉怎么样”等。

如果对方回答表示之前确实曾经购买过，就可以继续了解买过的品牌、质量、价格、售后服务、体验等，对于这些话题，对方还是能认真思考并回答，那么这样的顾客就有很大可能是高意愿顾客，也就是电商需要努力把握并维持的潜在顾客。

如果对方回答是否定的，那么不妨直接询问对方现在想要购买的理由，如果对方连理由也说不出来，那么很可能只是随便聊天的“路人”，甚至有可能是竞争对手前来打探虚实。

2. 价格询问法

互联网浩如烟海，不可能让所有对产品感兴趣的人都成为你维系的客户。因此，在和顾客进行沟通时，可以利用对方询问价格的方法做好应对。

（1）在和对方沟通时，适当暗示产品定位于中高端，然后观察对方的反应，从而判断对方属于何种类型的消费群体。

（2）不要主动直接谈价格，而是先交流产品带来的价值，如果对方一味想要知道价格，很有可能并非高价值的潜在顾客。相反，如果对方展现出正常的信任度，愿意就产品的价值发表自己的看法，则可以将其确定为潜在顾客。

3. 侧面追击法

一些顾客本身并非购买的最终决策者，也不是产品的消费者，其决策权、使用权都在其家人、朋友或同事手中。这种情况下，其个人对产品价值并没有什么直接看法，为了激活他们，电商客服人员可以从侧面加以询问，了解目标人物对产品的需求。当然，如果被询问者自己也不清楚，那么营销人员可以进一步建议他们去和最终决策或使用的人沟通，这样既能够全面了解，也可以让客户群体感受到营销态度的专业性，促使其向老顾客转化。

4.6.4 合作共赢，变客户为代理

采用分销模式的电商，对代理团队的倚重是相当明显的，这也让不少个人电商非常希望看到老客户变身为代理，为自己增加销售额。但过于迅速、直接的邀请，往往会导致客户被吓跑，不仅无法发展成为代理，甚至从此流失。

想要与客户合作共赢，将他们变为代理，离不开下面几点原则：

1. 不要直接邀请

某些电商喜欢说“你要相信我们，一定会让代理赚到钱”“你放心，我们的团队很好，我们的产品非常棒，我们已经有代理一个月就买车了”……类似内容中，都是以“我们”为主，而并非以客户为主，客户会怀疑邀请他担任代理的诚意。

不要直接去邀请客户成为产品代理，这种促进销售额提升的方法概率很小，过于急功近利，很可能得不偿失。

2. 提出开放式问题

顾客成为会员之后，抓住平时机会，在和顾客谈无关紧要的话题时，以开放式问题来进行“侦察”。

例如，“你平时喜欢去哪里玩”“开车去吗”“你喜欢穿什么衣服”“你一般每个月有多少钱结余”等，这些话题抛出之后并不一定能得到真实答复，甚至可能无法得到答复，但**只要观察顾客对这些话题的态度，就可以逐渐了解并积累他们的背景，明确对方的需求，增加沟通的话题，并逐渐延伸到转化为代理的话题中。**

3. 提出封闭式问题

“你是不是愿意提高收入”“你的朋友多不多”等，这种问题只能回答是或者否，不能进行自由发挥和联想。这种问题适合在最终将顾客转化为代理的谈话沟通中进行，不适合在初级会员客户群体中进行，因为这种提问方法过于主动，没有强化客户的切身感受。

4. 转化步骤

顾客成为会员之后，意味着已经对电商有所信任，采取下面的步骤，能够更好地推动其转化成为代理。

（1）从产品发挥到电商趋势上。例如，“现在很多人消费都跟你一样，到网上面去买东西，你觉得互联网电商有什么优势”，采取类似的请教式谈话开始方法，可以让许多人都乐于进一步探讨这个话题。

（2）改变对顾客的称呼。**不应再用大众化的“您好”“亲”“尊敬的顾客”等，而是结合对方的姓名和年纪，称呼为“XX哥”“XX姐”“妹妹”等。**

（3）利用顾客身份进行探讨。从顾客的职业基础出发，找到和营销有关的问题进行探讨。例如，“姐，你是教师，这段时间我在培训新营销客服，有些教学语言我不懂，能教我一下吗”，或者是“哥，你是做HR的，这段时间我很难招到人手，你有没有什么好建议”。

通过探讨，能够看到顾客对电商事业的兴趣和认识，并逐渐引发话题感。另外，在聊天时间差不多时，可以借口说有代理在要求发货之类，让对方觉得做代理生意很好、很忙碌，并引起注意。

（4）进一步闲聊，展示电商内部资源。例如，“感谢你那天的建议，让我们受益匪浅，其实我们也有内部的探讨和培训，要不哥也进群来参考讨论下”。通常情况下，顾客一般不会拒绝这样的邀请。

（5）在这一阶段，可以具体运用事例，说明过往客户怎样利用手头资源加盟本企业，并获得了不菲收入等。事例应该真实可信，引导顾客深入思考，通过事例介绍加入营销团队的方法，并展示团队所能为个人给出的实际帮助和资源分配。

（6）完成上述步骤后，给顾客一定的时间和空间进行“冷却”，方便他们自行了解和思考。时机成熟后，直接告知对方企业已经有了多少代理和资源、如何运作共享、如何开始合作，让顾客能够看到清晰可行的操作路径，并选择加入代理行列。

4.6.5 如何增加客户黏性

对待顾客也就是对待朋友，只有将心比心、相互理解支持，才能赢得真正的朋友，并获得顾客的高黏性。

怎样的顾客才能称为高黏性?

一般情况下，高黏度顾客是指已经熟悉和使用产品的顾客群体，他们在不同程度上对品牌、产品或者营销人员具备了信心，并表现为连续的购买欲望和实际行动。这一类顾客往往会将店铺保存在个人收藏夹，或者将电商营销代表的微信号、手机号存下来。

对于这类顾客，必须要让他们清楚地感受到关心和在乎，强化和老客户之间的关系，从而增加他们的黏性。

总的来说，强化老客户黏性可以从下列方面做起：

1. 建立服务理念

（1）真正形成顾客至上的服务意识，及时组织营销团队进行内部交流，对各自负责的会员顾客满意度进行分析讨论，并找到每周、每月较好的成功案例进行学习。

（2）此外，还应该经常性地征求顾客反馈意见，将会员顾客的满意度作为对员工业绩考核的重要依据；明确对会员顾客的服务标准，具体到位。例如，某电商将对会员顾客响应的速度限定为两分钟内，并制订了礼貌用语，随时对营销人员的聊天记录进行检查考核，这样，服务就成为了具体、深入的理念，塑造起了整个企业在会员顾客心中的形象。

2. 换位思考

（1）定期对会员顾客进行调查，在调查问卷形成之后，可以首先让电商团队的内部成员站在顾客角度来填写问卷，随后再组织他们讨论问卷内容是否完整、是否有无关重要的问题、是否涉及了顾客不愿谈及的问题、是否能达到维系老顾客的目的等。在讨论最终结果的基础上，对问卷再进行修改，从而确保调查能达到应有目的。

（2）定期邀请会员顾客在电商社群中讨论，采取私下沟通交流的方式，不要突出营销目的，请顾客站在中立角度去表达。无论其中是“好话”还是“坏话”，都应客观记录并评析内容。

（3）调整顾客对服务的期待。例如，某电商企业不仅确保生鲜食品能在当日同城快递到家，还面向会员提供聘用主厨到家服务，这样，会员顾客和企业之间形成了特殊伙伴关系，他们对企业抱有更大期待。

3. 感同身受关心顾客体验

（1）随时对顾客的体验加以响应：会员顾客下单后要优先发货，并将快递单照片发送给对方；多次告知顾客产品的保存和使用注意事项；发放带有VIP 微信群或 QQ 群联系方式的卡片；主动将导购的私人联系方式、姓名告知专属服务的会员顾客。

（2）多进行专门消费回访：在会员顾客购买签收之后，选择对方合适的时间，尽快打电话给顾客，询问对商品是否满意、有无疑问、有无质量问题。

4. 建立稳定的情感渠道

多用感性的行动和语言去感动顾客，形成稳定的情感表达渠道，建立固定纽带，使得老顾客因为会员身份而感到愉悦。

（1）某电商每逢节日就会向顾客发送语音祝福短信，能够形成朋友般温馨祝福的氛围，而不是冰冷的文字。实践证明，这种促销方法可以让顾客充分感动。类似机会还有生日祝福、换季提醒、天气提醒、朋友圈互动。

（2）老顾客转介来的新顾客，无论其购买金额度具体为多少，都应当天发送信息给会员顾客，感谢其支持。

（3）如果有线下实体店，应多举办 VIP 聚会。让顾客之间相互联系，形成独立的社交圈。这些 VIP 活动既可以是同产品营销紧密结合的，也可以完全独立，例如，举行“产品使用心得交流”活动，也可以举行健身长跑、羽毛球比赛、棋牌比赛等活动，或者是“亲子教育”“美丽分享”等沙龙活动。

（4）特定回馈活动。可以设定会员顾客个性化的特别优惠日活动，例如，生日回馈，即在用户生日当天消费可以获得更多折扣，节假日回馈，如在母亲节送顾客康乃馨、重阳节送老人保健指导等。

4.7 移动社交电商之品牌构建

4.7.1 精准定位产品

无论是选择传统平台还是选择社交渠道，想要做好电商运营，首先要面对产品的定位。从实践上来看，只有做好下面五大方面的定位，产品定位的准备才有充分基础。

1. 价值定位

对产品价值进行定位，可以分为长线定位和短线定位两种。即使是在同一领域中，有些产品适合长线经营，有些商品则适合短期经营。例如，鲜花、面膜等产品适合短线，对其营销的操作手法讲究短平快，抓住市场热点，在经营上实现短期效益，而首饰、箱包等适合长期经营，能够打造固定的顾客群。

一般情况下，想要在短期利用产品将电商的营销规模做大，可以借助短线价值的产品，想要让电商的品牌稳定持续加以形成，则需要长线经营的产品。

2. 消费定位

围绕不同目标消费群体，对产品进行定位。如同样都是图书产品，某电商根据市场消费的大数据，结合消费群体月收入分为5种档次，打破原有图书种类，以年薪50万、20万、10万、5万和3万作为区分标准，形成新的产品结构，吸引了更加精准的消费者。

这种定位方法，需要准确了解潜在顾客群体的基本信息，这样才能避免出现产品划分上的错误。

3. 优势定位

根据产品本身特点、服务所提供的附加值，总结出电商所具有的优势。如某电商企业将男性护理产品作为主要营销内容，其优势在于选择了较为空白的市场，推广男性皮肤护理的概念与意识，同时提供较为少见的男士保养咨询服务。这一优势定位准确，收到了良好效果。

4. 方式定位

围绕销售方式来确定经营范围。如同样是鲜果类电商，不少商户选择了薄利多销的销售方式，但某城市电商果断决定走高档次、高质量、高利润的鲜果同城配送方式，相应地为产品配套准备了精美包装和两小时快送到户服务，这一销售方式让其从同行业中脱颖而出。

5. 创意定位

围绕营销体系概念的特色，形成独特内涵的创意，并利用创意的定位去吸引消费者。其中包括店面装潢设计、客服语言风格、礼品选择种类等，其中的点滴都会让用户感到特别，并因此而对产品产生深刻的印象。

4.7.2 品牌传播氛围营造

2013 年，褚橙横空出世，带着充足励志感的故事通过微博这一社交媒体打动了许多人，并由此形成社交电商时代第一个成功的互联网个人水果品牌。

观察褚橙的成功发现，品牌的成熟离不开氛围营造，其中包括精准锁定目标人群，包括产品潜在粉丝、社交媒体达人意见领袖、竞品消费者等，提前进行定向推广；结合产品特点和个人特点，进行内容营销，其中包括产品安全内容、励志故事内容和微博粉丝的独享优惠内容，三大内容建立起了品牌和消费群体的联系桥梁。另外，还针对品牌在不同渠道传播的特点，制订了不同的营销计划，提高了营销效率。

移动互联网社交电商想要打造良好的品牌，必须在氛围营造上注意以下几点：

1. 准确的时间节点

不少电商选择"双十一"作为营造品牌氛围的时间节点，这是因为"双十一"已经成为中国互联网消费最重要的时间节点，在这样的时间段上进行营销，自然能获得社交渠道中更多的关注，并得到强大的品牌建造氛围。

除此以外，节日、重大活动、体育赛事或者突发性的社会与互联网事件，也是进行品牌提升的良好契机。

2. 具备应有的品牌文化

在设计品牌之初，要为之注入能够打动目标消费群体的文化，具备文化内涵的品牌营销，才会自然而然地形成独特的形象，并以此获得良好氛围。

电商企业应先对主要产品消费人群所推崇的文化进行观察和研判，从中找到能表现在具体产品上的特征。如某款电商渠道销售的养生茶，其针对消费人群为 40 岁以上中年人群，推崇自然、保健、养生，为此，该电商将茶叶营销内容同养生保健进行联系，在相关内容的微博群组上进行社会化传播，赢得了品牌最初的粉丝群体。

3. 找准符合品牌形象的社交传播者

褚橙最初进行品牌形象塑造时，通过微博大 V 如王石、韩寒和蒋方舟转发，由此很快带动了一大批关注这些意见领袖的社交人群。虽然普通电商难以找到如此大牌的社交传播者，但完全可以通过引流和截流发现的资深买家、专家型消费者来达到同样的效果。

4. 基于场景和地理位置传播品牌

通过移动互联网中的手机智能终端来和其他媒体进行关联，并基于消费者所处的场景和地理位置营造品牌氛围。如消费者经过某厨具用品电商的实体店时，能收到免费登录其 WI-FI 的通知，为登录其 WI-FI，他们必须关注该电商公众号，在这一过程中，企业品牌同生活空间中的场景充分融合，产生强大的共振效果。

4.7.3 稀有性与独特定位

电商店铺想成功吸引注意力，要从品牌、产品和营销三方面具有独特感。其中，电商的品牌形象如果具备足够的稀有性，可以抓住独特定位，满足市场需求，拿到消费者的满意回馈。

一家塑身内衣电商在营造品牌形象的过程中就有这样的变化：

最初，该公司美工设计的营销图片只是普通“淘宝款”的模特展示，请了两位身材不错的年轻女孩站在镜头前摆出造型，背景则是简单的纯色，加上大号红色的品牌 LOGO。在这种品牌形象的主导下，公司一年能做到 3000 万元销售额，但客单价只有 100 元左右，利润比较微薄。随后，该公司转化美工设计风格，聘请外籍模特穿着塑身内衣，斜躺在镜头前，背景用大气的深蓝色、金色的“不安分的奢华”和“30 万（字体放大）女性的共同选择”，再加上突出明显的品牌 LOGO，一下子吸引了顾客的眼球，明显突出了塑身内衣的独特性。随后，该企业客单价在短期内上升到 300 元。

事实证明，只有在宣传上突出稀缺性、独特性，品牌才能卓尔不群，大放异彩。

1. 塑造品牌 LOGO

（1）塑造品牌 LOGO 时，应让文字更加简洁直接地表现产品价值，而并非产品本身；图形能够形象自然而真实地表达出产品带来的冲击力，而不能简单模仿市场上流行的营销风格。

（2）确定品牌 LOGO 外表之后，不要随便进行设计风格上的改变。对于中小电商来说，LOGO 可以选用文字，而不适用图案符号，这样反而容易让顾客记住。

（3）不要为品牌用汉语拼音字母做品牌，使用意大利语或者西班牙语单词为品牌取名，无论从发音选择上还是内涵丰富上都有更多空间。

2. 重新定位品牌表达

产品本身质量是顾客需要体验来发现的，而品牌表达的内容则在定位中进行。只有改变展示品牌时的态度，拒绝“卖货”思维，让品牌、产品和人三者相结合，才能重新设计品牌宣传时的形象。

（1）不要侵犯品牌的表达空间。出现LOGO的地方，一定要留出充分空间，不要随意和其他元素加以重叠，也不要将LOGO当成水印去堆砌在产品图片上。

要注意品牌在不同大小图片上是如何显示的，因为当图片缩小到预览页面上时，有可能品牌会显示为模糊的像素点。

（2）不要用促销、甩货或者大减价之类的叫卖腔调来表达产品，即便是做折扣活动，也应该体现为品牌对顾客的“优惠”与“奖励”。

在品牌宣传的用语上，淘宝体的广告套路应该被摒弃，采用新鲜的宣传文案，才能体现成为具有特别意义的记忆点，促成用户脑中的独特性。

4.7.4 粉丝认同感

消费过程中，顾客选择产品，不仅会注重其本身的性价比，还希望从产品品牌理念中获得与其他产品所不同的价值。如果从某个产品品牌中得到了这种价值，就会因为对其的高度认同感，成为品牌粉丝。

移动社交电商中，对品牌的追求是人们发自内心的需求。认同感越高，品牌效应就会越突出，产品的竞争力便越大。但对于普通电商而言，品牌尚未出名，如何通过提升顾客的认同来应对市场竞争？

1. 选择好的代名词

为自己的店铺、产品和服务选择一个简洁有力的代名词，只要提起代名词就意味着某个品牌。如“拼多多”App在2015年10月上线，到2016年3月付费用户突破了2000万，该电商平台的功能并不复杂：只要找到自己需要的产品，选择拼团购买，付款后再一键分享给社交好友，凑满人数就可以成功拼团。由于选择了“拼多多”作为代名词，品牌认同感得以迅速建立。

2. 选择并重复传播一句口号

并非只有大品牌的企业才能有品牌口号，即便只是一家淘宝小店，或者是微信朋友圈销售的产品，也可以选择“为你带来 ××”“每天送给你 ××”等口号，让这样的文字频繁出现在受众面前，有助于更好地让他们认识和接受品牌。

3. 用符号、象征、标识和色彩建立品牌

利用符号如动漫形象、LOGO 等，传递企业品牌文化的内涵；用具体的人物象征或地理象征如创业者、发明者、建筑物来表达企业拍拍价值特点；也可以用色彩来表达品牌的精神和气质，如红色象征勇敢、活泼、向上，蓝色象征开朗、广博、自然，绿色象征健康、安全、和谐等。

上述方法可以将品牌形象直观化表达，有利于消费者在最短时间内识别并认同品牌特征，加强电商在移动社交平台上的传播能力。

4.7.5 如何定价

社交化、扁平化的销售模式下，移动电商的中间环节和实体服务明显减少，原本用于流通渠道上的成本可以拿来进行让利。这种情况下，如何定价是移动电商需要关注的问题，可以采取灵活多样的电商定价方式、差异化和有条件的优惠来避免陷入被动竞争，具体措施如图 4-22 所示。

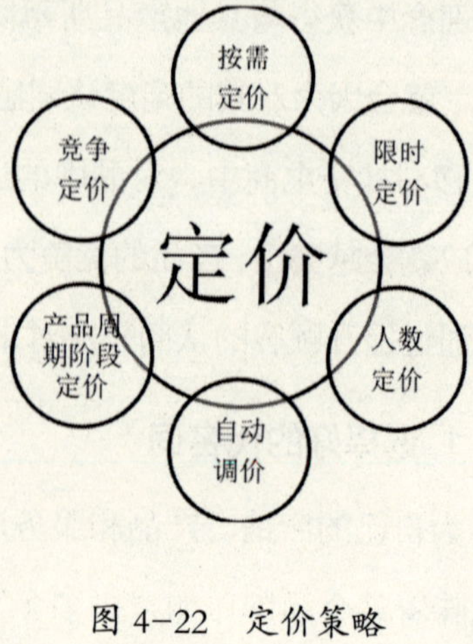

图 4-22 定价策略

1. 按需定价

根据会员顾客的实际需求，将产品搭配组合并提供个性价格。例如，服装

电商对于一些断码、过季的库存产品，能够采用在线拍卖方式，根据不同会员需求来完成拍卖。

2. 限时定价

在企业开业纪念期间、节日期间等时间段，利用促销方式，推出特价限时销售，这样就能够凭借特殊时间段销售量的增加来获得利润了。

3. 人数定价

以团购形式推出产品定价策略，订购人数达到一定规模，可以获得优惠价格。这种方法能很好地集中品牌传播力量，并开发顾客的转介绍潜力。

4. 自动调价

订单价格超过某个上限后，自动减免折扣，这种定价方式适合在电商平台上进行营销的品牌企业。

5. 产品周期阶段定价

根据产品上市后的生命周期进行定价，在产品上市之初，可以将定价适当调高，随着产品热销，定价可以用团购、自动减免的方式进行适当松动，当产品快下市时可以降低定价。这种产品定价方式常见于流行服饰、生鲜食品等。

6. 竞争定价

观察并评析同行业竞争者的定价策略，然后以比之略低或略高的方式进行定价。根据定价策略的不同，予以不同的营销宣传内容。如发现略低，可以用“比竞争对手价格更低”的方向进行品牌形象塑造；略高，则可以用“我们提供更棒的服务”来塑造品牌。

4.7.6 会员管理体系设定

会员管理体系，是社交电商的重要组成部分，也是用户运营的基础工具，同时，会员的等级、积分和勋章等机制，也是促进电商形成自我品牌的因素。

1. 等级制度

对电商会员进行品牌文化宣传和激励，离不开等级制度。等级制度可以从下面三个方面着手建立：

（1）明确考核标准。将累积购物金额、活跃天数，或者在 App 上的签到、评价等作为考核评价标准。

（2）升降规则。为每个客户发放与品牌名称有关系的头衔，将不同等级的头衔进行区隔，随着考核标准的高低进行升降级别，逾期不消费则会扣除分数并重新评级。

一家出售桌面卡牌游戏的电商在其 App 中为客户发放的头衔为“新手”“上手”“熟手”“老手”“高手”等，既激励了顾客，也传播了品牌文化。

（3）利用会员权益激励会员不断升级，同时也能够有针对性地帮助电商获得品牌影响力上升的资源与服务。

在小米的会员体系中，用户完成论坛中指定的五项任务（包括购买产品、完成发帖、完善资料等），即可以升级成为 VIP，而成为 VIP 之后还能够继续升级。这样的活动之后，用户才能获得线下活动、新品试用等权益，活动过程本身形成了小米品牌文化的传播能力。

2. 会员积分

会员积分系统是对等级制度的细化，包括对应任务如签到、评价和绑定第三方账号等。这是电商引导用户参与建设和传播品牌的重要手段。

在用户完成任务后发放积分奖励，积分可进行产品兑换、抽奖或者直接支付订单，而如果用户产生订单拒收等行为，则进行积分扣减，并在年底滚动清零积分。

通过积分的计算，在发放、增减、扣除积分的过程中，电商能够在不同程度上激活每个会员传播品牌影响的意愿，强化他们与朋友分享的动力。需要注意的是，会员等级的考核、积分的计算，需要尽可能简单，不要让衡量指标过于复杂，而是选取最核心的指标作为考核标准。

3. 勋章体系

除了积分之外，还可以采取勋章体系来管理用户、构建品牌。勋章能直观表现权益，而且不需要付出实际成本。

在管理后台准备好用户标签，对特定用户进行标记并发放勋章，进行定向营销的同时，也实现了定向的品牌内涵传播。

勋章的形式和内容应该多样化，才能充分吸引会员顾客的注意力，也能让新顾客感受到其中的乐趣和吸引力。

4.8 移动社交电商之支付策略

4.8.1 移动支付方式选择

在移动社交电商支付的发展过程中，货到付款、网上支付、第三方支付平台结算等不同方式并存。选择其中最适合的方式，应该从下面这些角度着眼。

1. 货到付款

送货上门后，根据双方确认的订单内容，由顾客当场验收商品并交纳货款。其优点在于培养了客户对网络的信任，也受到市场欢迎。但这种方式通常采用现金支付，额度比较小，适合客单价较低的电商，再加之物流运送时间会有必然的损耗，更适合同城电商。

2. 网银转账

通过银联网络，直接采取银行卡进行支付。在顾客通过移动互联网向商家订货之后，自行登录银联付款给商家，并完成支付。这种支付形式便捷迅速，但网银登录较为麻烦：需要确保银行账户安全、弃用移动证书密码保护或者下载银行的指定软件等手续。另外，手机银行虽然在技术上已经没有阻碍，但却没有形成消费者的群体习惯。因此，这种方式适合那些既有移动电商店铺又有淘宝等传统电商店铺的企业选择。

3. 第三方支付

顾客和商家都在第三方支付平台先开设账户，再将各自的银行账户信息与支付账户进行绑定。交易完成过程中，顾客先把货款转到第三方支付平台，随后由第三方支付平台通知商家已经收到货款，并由电商发货并通知第三方支付平台，第三方平台再将款项划入电商账户。

采用这种方式进行支付，能有效减少顾客所面临的交易风险，无论是资金的安全、双方的信用还是资金管理成本，都得到了有效降低。目前，移动电商使用较多的有支付宝、微信支付、财付通、快钱、环迅支付、易宝支付等。

4.8.2 支付流程设计

支付流程是任何涉及互联网交易的重要环节，一旦支付流程出现问题，会让原本想要付款的顾客失去购买愿望，后果自然有损于电商。

如何通过良好的支付流程设计，让用户的购买体验更好？从时间上来看，可以分为支付前阶段、支付中阶段和支付后阶段。

1. 支付前阶段

（1）支付前，电商需要考虑用户注册和登录的条件设置。一种设计模式是用户可以先选购商品、加入购物车之后再进行登录支付，如图 4-23 所示；另一种设计模式则相反，从一开始将商品加入购物车就需要登录操作，如图 4-24 所示。

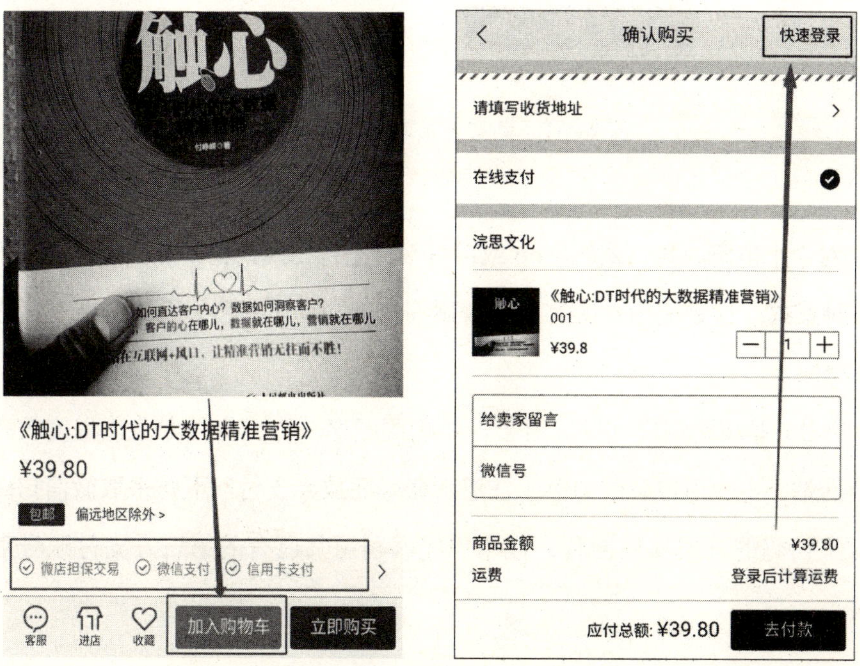

图 4-23　选好商品后再登录支付模式

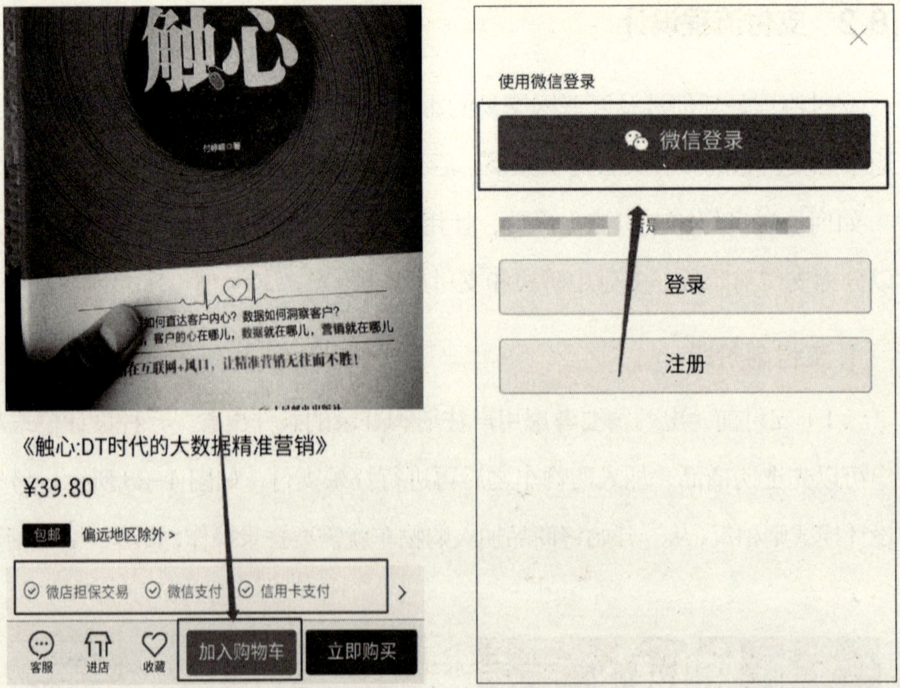

图 4-24　提前登录再选择商品模式

对中小电商而言，采取 App 或自有平台进行在线销售和支付时，最好采取后一种模式。这是因为是顾客自己精挑细选的购物车商品，而不会在支付之前放弃登录。

（2）非注册用户支付。对于一些购买频率较低、商品专业化程度较高的电商网站，不少用户会因为懒于注册新账号而放弃支付。不妨采取微信扫码、支付宝扫码的方式提供便利，让用户能够利用其已有的第三方支付账号直接支付。

2. 支付中阶段

（1）提供清晰简洁的支付流程，尽量少让顾客填写信息，而是提供能直接勾选的选项，或者直接在微信、微博中贴上付款二维码。这样，顾客的支付体验会伴随效率而增加。

（2）如果是在手机 App 上支付，可以利用支付进度导航条清楚展现，帮助顾客了解正处于支付的哪个环节，包括已经做了什么、下一步需要做什么，以及还有哪些步骤需要完成。

（3）不要在支付流程中安排广告、优惠或者互动信息，这些信息很有可能分散顾客原本集中的支付注意力。

（4）支付流程中，在手机顶部和底部安排同样的按钮，引导顾客进入下一个支付步骤。按钮应该鲜明、突出，能够在最短时间内提醒使用者付款。

（5）为顾客准备更多的支付方式。例如，一些顾客会因为银行卡、支付宝暂时没钱而选择放弃，但如果能够提供更多的支付方式如手机话费支付、储值卡支付等，效果就会好得多。

（6）准备好提醒功能。一旦顾客已经确认订单而未能及时支付，应该按时间段不断提醒，催促用户尽快完成支付，避免造成资源浪费。

3. 支付后阶段

（1）完成支付后，及时发送反馈。某电商会在确认订单后由客服（非电脑系统）通过微信直接和顾客交谈，告知顾客付款成功，并附上和购买有关的信息、安全提醒，这样就能够帮助顾客清楚、及时地掌握购买信息。

（2）支付惊喜。顾客支付之后，给予他们一些抽奖机会或优惠卡券，这样的惊喜可以激发他们下一次购买的欲望。

4.8.3 优惠券返现策略

优惠券带给顾客的是打折优惠，而带给电商的则是转化率的提高、回购率的上升，可以通过设置优惠券返现策略，尽可能多地让顾客来店铺消费。

其中，重要因素包括发放类型、应用场景与设置事项等。

1. 发放类型

主要的优惠券种类包括代金券、满减或满赠券、活动折扣三种。

（1）代金券：由用户领取或者专门针对部分顾客进行定向发放，通常可以在日常经营场景下对顾客进行引导。

（2）满减或满赠券：无须事先对顾客进行发放，也不用组织他们专门领取或限制使用次数，在订单支付的场景中进行引导，从而促进转化。

（3）活动折扣：通过对商品价格直接进行更改，事先宣传并发布活动告知，推出指定的商品享受活动折扣。也可以限定部分顾客在登录后等享受到这一折扣。

2. 使用场景

发放优惠券时，需要对顾客使用优惠券的场景进行提前规划。其中，主要包括常规使用和特殊使用两大场景。

（1）常规使用：可以在售前使用，如下载 App、关注微信号、关注微博或者完成问卷调查、分享店铺链接等，当顾客完成这些任务后就能够直接获得优惠券。

这种场景主要针对新顾客，能够有效刺激购买。也可以在售后送，例如，完成好评、上传买家秀、分享购买清单等，顾客可以获得优惠券并用于今后的消费。

（2）特殊使用：可以在会员生日、纪念日、指定情况或者店铺集体营销活动开始之前发送优惠券给顾客。

例如，“尊敬的 ×× 先生，今天是您的结婚纪念日，××× 店铺全体员工祝您纪念日快乐，并向您送上优惠 50 元卡一张哦”，或者“×× 店提醒您，您的 ×× 元店铺优惠券还剩下 7 天即将到期，快来参加专场活动，优惠多多”。

3. 设置事项

优惠券从实体店的使用延伸到电商，但不少电商卖家发现优惠券并没有那么神奇的效果，这主要还是因为没有注意下面四大因素。

（1）不应泛滥使用。在发放优惠券时，应该减少顾客“理所应当”的感觉，更不要让他们感觉到优惠券拿得很轻松。可以适当制造噱头，从而找到向顾客赠送优惠券的理由。包括用社交软件的信息，通知顾客凭暗号才能向客服领取；通过工具向顾客推送优惠券，然后再进行通知等。这样能够让顾客意识到优惠券的真正专属价值。

（2）准确设置使用条件。对优惠券使用条件进行精准设置。重点应结合目前的客单价。例如，店铺目前的客单价是 200 元，那么如果将优惠券只设置成为 200 元减免，就会降低客单价。反之，设置为 300 元才能予以提高。

对使用条件加以“1 元钱降低”，即将门槛定在 99 元、199 元、299 元等价位上，虽然和整数价格只差 1 元钱，但产生的心理效果是不同的。选择“1 元钱降低”的门槛，能够让顾客感受到更多诚意。

4.8.4 积分策略

积分系统如何设计相当重要。电商需要完整的积分策略运用于实践，增强顾客对品牌的忠诚度，扩大吸引而来的流量。

需要重视的因素包括下面几种：

1. 积分换购

积分换购是一种促销手段，通过有效积分来提供给顾客直接换购产品的机会，尤其能够针对老顾客加以使用。

积分换购的成功关键在于解释清楚积分和货币之间的固定“汇率”，最简单的做法是在推出积分换购政策之前，让顾客明白多少积分等于 1 元人民币。这样，顾客就会带有明确的目标积累消费，并在内心加深对这一政策的印象。

2. 区别积分

要对消费积分和非消费积分加以区分，前者只包括消费行为所获得的奖励，而后者包括顾客互动行为、网站活跃行为等。对于前者，要考虑成本和收益的具体比较，而对于后者，则应该针对特定时间的特定行为进行积极奖励，例如，注册可以获得 5 分，登录一次获得 1 分、对商品进行收藏可获得 3 分、对商品分享可获得 10 分等，对于社交分享行为，应该给予最高档次的积分奖励。

3. 提升积分灵活性和趣味性

不要只是刻板地使用积分，而是让顾客在获得和消费积分时感到“好玩”。

可以多增加一些能够消耗积分的游戏、抽奖，这样顾客会喜欢赚取和消费积分。如果电商自身缺乏开发和运行游戏、抽奖的能力，可以尝试多和其他行业进行合作，增加能够消费积分的选项。

4. 不要随意变动积分政策

对于中小电商来说，积分机制和政策千万不应随便改动，也不要设计多套互不兼容的积分机制。一些企业使用两三套积分机制，会让顾客难以摸清规则，实践中，一些企业仅仅将积分看作引流工具，一旦达到目的就随便改动，这样很容易导致顾客失去应有的信任感。

Part 5
移动社交电商六大黄金法则

5.1 内容即营销

传统营销模式，需要企业花费大量费用去推广，以此来为产品获取市场，并影响消费者的购买行为。然而，顾客的最终转化率很低，却需要付出较大成本，其最大缺陷表现在一旦推广过程中烧钱行为停止，营销效果也会直线下降。

移动社交电商需要把握的重要原则在于“内容即营销”，体现为用内容的方式去刺激消费者购买，基于购买行为获得产品反馈，再重新对内容进行调整。这样，内容推广和产品销售就不再是必然的先后顺序，而是同步进行的：一方面，内容推广可以带动产品销售量上升；另一方面，产品的销售又可以反作用于内容，提升内容背后的品牌形象。

2014 年 6 月，韩寒微博中发出一张穿着雨衣的个人照片，文字描述中使用了“超薄激情系列”的调侃用语，随后网友评论中出现了“杜蕾斯”字眼。杜蕾斯微博运营团队的搜索监控发现了这一讯息后，很快进行转发并给出评论“岳薄，岳尽兴”，其中，“岳”契合了韩寒国民岳父的网络称号，“薄”则关联雨衣和套套，“尽兴”则植入了产品用途的概念。

杜蕾斯官方微博转发这一评论之后，冈本也卷入内容营销，该企业营销团队在杜蕾斯官方微博后继续评论“说得好，谢谢”。最终，这条微博产生了 3.5 万个转发，其中 1 万个由杜蕾斯贡献，而杜蕾斯的转发则有 6000 个来自冈本。不到 1 小时内，这场内容营销就结束了，成本只是在微博客户端转发和打上几个字，带来的品牌展示量却令人咂舌，效果超过了在传统媒体上投放的数十万元的硬性广告营销。在这件事的影响下，冈本最终全面停掉互联网硬性营销，将所有资源集中在内容营销上。

移动社交互联网上，内容的传递和与此相关形成的事件，本身就是营销行为，不再只是引发营销效果的“噱头”。电商把握这样的法则，应该从以下着眼点入手：

（1）**内容是渠道，也是传播。**无论是软文内容，还是广告内容，都能够成为链接用户、引流关注和实现转化的具体渠道。

（2）内容营销，离不开自媒体的经营，必须将企业本身所拥有的自媒体运营扎实，使关注企业自媒体的用户群体自然而然地接受内容。

（3）传统硬性广告内容迅速失去商业价值，直接进行说教、向用户填鸭或者充斥简单直白价值口号的广告，难以引起受众的兴趣。相反，**要将内容变得更有创意、更有内涵，能够有趣、有利或者有深度、有格调。**

（4）内容形式应该多种多样，包括音乐、视频节目、综艺活动、文字软文、主持人和演员表演结合等。此外，内容不应通过反复刺激加深同一印象的记忆而营造，具有一定联想空间，引起受众脑海画面感的内容才更受欢迎。

（5）打造内容，要经过一个团队的精心准备和反复琢磨，需要在小范围内经过受众验证，才能成熟化地推向互联网。

5.2
产品即体验

强调社交营销，无疑应该重视粉丝经济和社群经济。但企业绝不能因此忽视产品的价值和体验，在某种程度上来说，产品的成功比社群的成功要更加引起重视，产品的体验也应排列在粉丝经营的前面。

可以明确的是，苹果公司从来没有直接建立过“果粉”这个社交群体，该公司也没有对半夜排队购买产品的用户嘘寒问暖，但“果粉”所获得的良好体验却相当重要，可以说全部来自于产品的功能特点。

产品是最基础、最重要的客户体验。任何营销手段本质都是为了让顾客接受价值体验的，而产品的营销体验、社群内外的沟通体验、客户服务带来的延伸体验，都应该为产品自身服务。如果顾客发现产品能够带来良好体验，就会主动帮助企业进行产品的推广。例如，在社交平台上进行精准推荐，或者在QQ空间、论坛上分享使用体验等，这样的推广成本完全为零，其来源则包含在产品价值中隐藏的吸引因素。

将产品价值从实用性扩展到价值体验，应该从以下两方面着眼：

1. 品质的定义

品质，是指产品实体所具备的属性和能力，具体表现在产品的功能层面和性能特点上。例如，一台手机具体具备哪些功能、一辆汽车的技术参数、一袋咖啡的实际成本等。产品的品质是顾客体验的基础，只有先确保拥有良好品质，产品才能带来上佳体验。

2. 感受的定义

感受包括了顾客通过产品所获得的全部感受，包括产品的设计、质感，品牌的价值、客户的服务，乃至于对客户生活方式、文化理念的改变等。例如，产品本身的颜色、设计、声音、气味、味道、质感等，都会给顾客带来直接体验并触发情绪波动。环保理念、个性化定制、蕴藏历史背景或个人故事的产品等，更是超越了直接体验，通过侧面的延伸价值来发掘新的体验。

企业应该从以上两方面强化对产品价值的提升，让用户能够感觉到真正的效用和价值提升。其中包括：

（1）强化对产品基本质量的管理，防止上下游供应链或销售渠道中出现的偷工减料、假冒伪劣情况。

（2）统一品牌内涵。从品牌高度出发，对产品的展示、包装、运输、外形等各方面进行统一设计，反映出同一个品牌的内涵。

内涵应该是可以用简单的词汇进行表达的，例如，智能平衡车的“快捷”、安全摄像头的“隐秘”、绿色农产品的“本真”等，以便确保产品使用时所产生的价值，能够和顾客的实际利益、内心愿望和潜在期待相对称。

（3）人性化思维逻辑。无论何种产品，都应该有亲和的表现，能够让顾客的生活方式变得更加简单、合理。产品设计和开发的过程中必须要保持正常、合理的逻辑，尊重顾客原有的习惯，而不应试图打破甚至改变用户的逻辑。

（4）产品形象场景化。无论采用何种推广方式，都不应孤立简单地将产品和人分隔开，相反，在营销过程中应利用文字、视频、图片等内容，让用户感受到产品的具体使用情境并产生深刻记忆。这样，当顾客每次使用产品时，都会和周围场景联系起来，并得到良好体验。

5.3
互动即传播

传播是社交链条构建的基础，也是互联网电商得以生存和发展的重要动力。在信息迅速增长、产品类型丰富、竞争同质化的情况下，如何让营销内容更好的传播？答案是互动。

2015 七夕之前，内衣品牌维多利亚的秘密开发了一款可以分享的手机轻应用，在这款App中，首页是一幅经过雾化处理的照片，用户只需用手指摩擦屏幕，就会看到一位身着内衣的性感女郎出现，随后还可以滑动屏幕，了解品牌介绍，最后到达内衣抢购页面。

如此新颖而有趣的互动体验，随后被多个品牌效仿，分别利用了触屏、重力感应和手机界面上的肥皂泡、玻璃珠等，让用户乐在其中，并为此主动进行传播。

利用互动方式来让用户产生分享传播的动力，在社交电商的营销中已经屡见不鲜。2014 年，天创时尚推出了“亲们，爱吧”这款互动游戏，只要用户能够成功上传语音或者选择明星声音定制语音卡，然后分享给亲朋好友，品牌方就能为用户向公益基金捐出一定款项。此外，用户还能够因此获得现金券、礼物或者产品等。由此，用户产生游戏的动力，而游戏所强调的人与人互动、用户与明星互动、用户与企业互动、企业与公益基金活动的宗旨，无疑也让众多用户不断通过晒祝福来完成传播行为。最终，这次互动营销产生了良好的效果。

归纳以互动进行品牌推广的运营要点，主要包括如下部分：

（1）活动规划前，重点了解参与人群的属性，进行市场调研后全面策划和预热推广，在多个渠道宣传活动。

（2）互动项目期间，安排专门的营销客服人员在后台对问题进行记录和回答，解决用户遇到的困惑，引导用户积极参与。

（3）根据活动类型和定位，植入和产品、品牌相关的互动部分，设置多种奖品刺激参与者的互动行为。

奖品应该拉开不同档次之间的差距，既要有大奖，也要有参与奖，从而充分调动用户的积极性。

（4）对参与互动的用户进行二次分组，例如，根据性别、地域、年龄等分组，这更利于后期利用互动的过程来进行精准传播。

（5）互动应有充分的便利性，采取选择、点击、分享、上传图片与声音的方式，能够大大提升用户参与的积极性。

（6）互动营销的策划应该尽量多和重要节日、热门事件相结合，将互动过程和事件营销活动相结合效果会更好。

5.4 口碑即渠道

在移动互联网的大环境下，口碑已经不只是影响产品形象的重要因素，同时也是企业营销中搭建渠道的坚实基础。

什么是口碑？口碑是关于品牌的所有评述，是人们对一家公司、一项服务和一个产品的交流的总和。无论是口碑的形成还是传播，都发生在亲友、同事、同学、合作方等关系较为密切的群体之中，在产品介入这些关系之前，口碑的授受双方已经有了稳定的信任度，相对于纯粹的广告、公关、企业推荐、活动促销而言，这样的信任度更高。

在移动互联网中，口碑交流跨越了时间、空间的限制，任何人都有可能通过智能手机设备迅速参与到产品口碑的建造中，并同时受其影响。这种情况，也决定了口碑即渠道的黄金法则。

2015 年，大疆无人机的营销成功，证明了口碑即渠道的准则。作为一家创业型企业，大疆在 2013 年才发布了第一款产品。在那之前，他们根本没有什么时间与精力去投入广告营销。然而，由于产品的可靠性、吸引性，大疆在小众爱好者中有着良好的口碑，并且让其用户分布广泛。当移动互联网上的社交风潮兴起之后，大疆无人机的形象四处出现，例如，2014 年，叙利亚武装人员击落一架遥控无人机，宣称其来自政府军，机器侧面印有“Phantom”的品牌字样，这一画面伴随记者采访进入了新闻报道；2015 年，华盛顿执法部门又发现一架小型无人机进入白宫领域，其品牌也同样是大疆；此外，还有大疆无人机在美剧《生活大爆炸》和章子怡、汪峰婚礼上的亮相……这些事件被不断在社交网络上被转发和讨论，促进了产品口碑的形成。正是有了这样从无到有、从小到大的口碑，大疆品牌才拓展了原本小众的渠道，使其成为大众耳熟能详的无人机品牌。

除了大疆之外，特斯拉、Uber 这些产品都从来不做传统的广告营销，而是采取社交网络上的口碑策略，诸如围绕产品制作段子、大量的自发原创内容等，无形中开辟了最直接的流量入口。

这些成功案例说明，对于电商企业来说，口碑强大与否，决定着流量渠道的宽窄程度。好的口碑可以让企业品牌产生病毒式传播，带来巨大的知名度和利润。

为此，企业需要从下面着手塑造口碑：

1. 识别并锁定口碑源头

口碑源头是指那些活跃在社交媒体和工具上并具备强大推广能力的人。消费者往往更信任他们，而并非官方宣传。因此，企业必须找到客户群体中具有这种影响能力的人，并进行有效操作，让他们接受产品。

2. 用价值连接情感

品牌的营销内容，不能仅仅谈论产品和顾客之间的关系，而且要能够将价值作为纽带，连接起顾客和他人之间的情感关系。例如，组织分享活动，表达用户对家人的情感，或者将品牌营销和公益环保联系起来，让人们从产品价值的获取中得到更多对社会的奉献情感。这样，在口碑形成的同时也会具有更大的开拓力，带来更多新的用户。

3. 参与到群体活动中

营销活动不能单独停留在对产品本身特点的介绍上，而是要深入用户群体的活动中分享，这样，产品能够为群体活动带去丰富乐趣，建立口碑基础上的知名度，也能广泛影响到整个群体如社区、小组或团队对产品的购买愿望。

4. 方便用户评论

口碑意味着渠道，但对于企业来说，最麻烦的事情莫过于消费者在渠道中难以留下评论，无法轻松地和他人交流品牌的价值。为此，企业应该充分简化用户之间交互的过程，如在产品展示页面就明白展示老顾客购买记录、使用产品过程的图片等，并允许新客户对这些资料进行转发和评论。这样，在口碑建立的同时，购买渠道也得到了新的巩固。

5.5
社群即鱼塘

传统互联网时代，社群主要以社区如天涯、百度、猫扑等形式而存在，但到了移动终端分享互联网经济的时期，互联网发展成为了人们身体的一部分，变成了个人肢体和思想的延伸，普通人之间通过互联而连接。

这种情况下，社群的意义更加容易凸显，企业如果能懂得“社群即鱼塘”的黄金法则，就能懂得品牌传播，掌握营销先机。

九阳集团曾计划推出一种家庭用自制面条机，但当年却因为受众面积小而暂停开发和营销。伴随移动互联网和社交媒体的出现，九阳开始着手微博社群营销，他们首先在官方微博上推出了面条机的产品介绍，并附上抽奖环节，这样的活动很快吸引了不少家庭主妇的关注，获得了大量转发和评论。

然而，组织该活动的意义并不在此。九阳收集了对面条机微博评论和转发的客户数据，将其中每个人的感受、反馈和资料储存在资料库中。对社群的分析结果表现，关心这一产品的主要有两种人群：一类是关心父母健康的90后女生，她们注重养生，也有绿色环保的追求；另一类则是80后女性，这些家庭主妇通常消费理念开明，科技常识丰富。当“鱼塘”建成之后，九阳就结合这两种人群在生活中的习惯、消费过程中表现出的特点，开始推销新的相关产品，例如，能够带来美容效果的豆浆机、符合婴幼儿成长规律的原汁机等……

可见，企业在营销的过程中，应该通过鱼塘的构建来形成社交营销的基础，没有“鱼塘”，就没有顾客、没有粉丝，也就没有企业崛起的力量。

想要玩转移动电商，必须开发社群的价值。社群并不只是营销的渠道，其更重要的价值还在于能够形成企业与用户及其身边人群对话的桥梁，并不断丰富而成为始终能提供二次消费价值的“鱼塘”。那么，这样的鱼塘应该如何构建？

1. 成为领域的专业代言者

无论是企业还是个人用户，都应该找准一个领域，通过不断努力积累价值，攀登到专业领域的顶层。这样，无论是产品或服务都能带给普通人以完全不同的价值感。

2. 提供满足共同兴趣的内容

从营销文案开始，提供给受众的内容就应该是有价值、有营养的精品，而产品或服务更应该瞄准他们的痛点，同时提供竞争者无法给予的解决方案。这样，“鱼儿”才会心甘情愿地游入池塘，并从关注到习惯，养成信任的思维定式。

例如，团队可以利用微信公众号或者 QQ 中的兴趣部落功能，如图 5-1 所示，在手机 QQ 中打开 QQ →状态→兴趣部落。

进入兴趣部落后，就能在兴趣部落中选择参与自己的目标群，如图 5-2 所示，可以点击“全网营销”进入。进入“全网营销”部落后，可以看到很多关于营销的帖子，团队可以从中进行内容借鉴和引流，如图 5-3 所示。

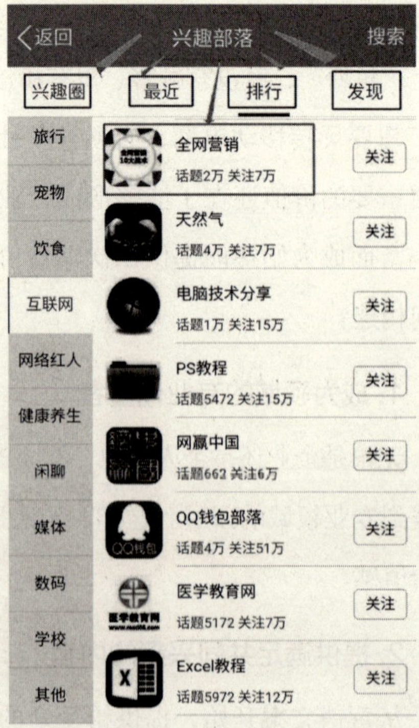

图 5-1　找到兴趣部落入口　　图 5-2　兴趣部落中选择自己想要关注的部落

或者可以点击界面右上角的搜索，搜索自己想要的部落，如果搜索“触心营销”，发现没有这个部落，就可以点击“申请创建该部落”申请创建部落，如图 5-4 所示。吸引有同一爱好的客户群体，这样就能利用客户群体的共同爱好来打造鱼塘了。

3. 耐心养鱼

想要养好鱼，就应该有深度培养的准备决心。团队营销树立的目标并不必须是扩大鱼塘或增加鱼的数量，而在于充分的质量。因此，在聚集粉丝过程中，应该有意识地选择那些核心用户，加以针对性的服务。

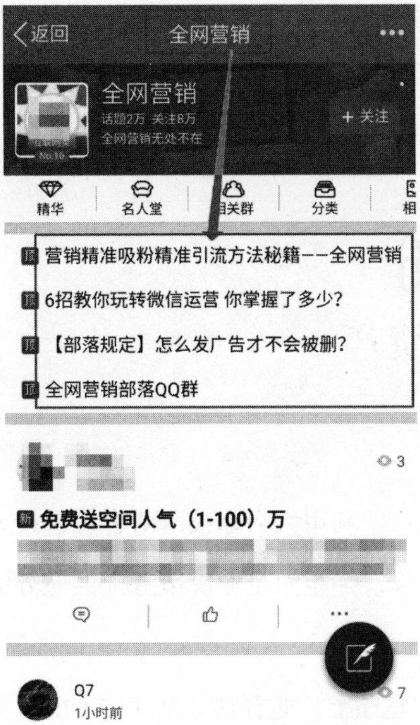

图 5-3 在“全网营销”部落中引流

图 5-4 申请创建兴趣部落

4. 积极组织线下互动

线下互动必须要有充分的参与感，当顾客能像鱼儿在鱼塘里那样畅快游玩时，他们才会愿意留在企业的服务体系中。因此，企业必须设计好线下互动的玩法，以人人参与和大家受益作为原则，才能更加精准地提高鱼塘的吸引力亮点。

5. 积极换位思考

要懂得注意把握分寸，不能依靠牺牲长远信誉来换取短期的利益。除了赚取商业利润之外，还要站在粉丝角度感受企业的产品质量。在这方面，苹果公司可以成为学习的榜样，虽然他们并没有明确进行吸粉、养鱼的经营行为，但他们每次开售新产品之前，都会通过引人入胜的发布会来对产品优点加以介绍，因为站在顾客角度思考和设计，所以他们利用产品牢牢地抓住了“鱼儿”的心。

5.6 数据即资产

大数据时代，数据就是企业的营销资产。利用大数据技术对客户进行全方位分析和定位，能够塑造出立体的客户形象，并能为企业决策者提供充分的支撑依据。

在一家电商对 App 访问数据的监控和整理上，能看到数据即资产的含义：当客户下载 App 并打开之后，电商就能拿到最新下载量和访问量；当客户开始浏览其中内容时，电商能够通过数据库进一步了解客户，包括在某类商品页面上停留的时间等；而客户将某件商品加入购物车之后，App 会即时“联想”，从原有的访问和购买数据库中进行分析，推送相关联的商品；同样，当顾客进行 App 搜索时，软件也会从搜索关键词中找到可以联系上的产品，并和目标产品共同呈现……

此外，App 还会根据用户总体的访问数据，对版面的分类、布局进行改进，提高客户的体验，访问数据体现出某款商品的评价不高、访问量持续降低时，该企业也会及时进行调整处理，避免产生不佳形象。

数据之所以是资产，在于移动社交电商通过数据监控和分析，能够敏锐地对市场进行把握，从客户直接的行为表现中看出他们的变化。同时，传统而单一的运营模式也能够借此得到立体化的提升，企业可以通过数据的不同，向新老客户分别提供个性化的服务和差异化的价值。

为了获得和利用好这样的资产，电商需要积极强化构建数据库意识，并从以下方向做起：

1. 规范化

对数据收集工作加以规范，为各个部门或团队建立统一的标准要求，包括如何收集数据、收集哪些数据、以何种平台来收集数据等。这样，从不同路径收集上来的数据才有真正的分析可能和利用价值。

2. 数据保存

将不同的数据统一整理和保存，而不是分散在各个岗位上。同时，数据经过分析之后，最好能以图形化的表示来体现，这样就能一目了然地看到其中的变化。

3. 及时对数据来源进行调整

一方面，要根据顾客个人的变化进行追踪，随后调整数据，例如，顾客的社交账号中有了新频繁互动的对象，或者其经常出现的地点有了改变等，这些都能够影响到企业收集数据的目标和内容。同时，顾客的兴趣和需求也会发生变化，例如，某段时间内对母婴产品的搜索次数突然大增，很可能说明其家庭中即将迎来新的生命，某段时间搜索和汽车有关的关键词，背后则是其换车的需求变化等。

4. 优化数据标准

企业对数据分析需要有具体的标准，但这样的标准是与时俱进的。例如，传统消费者在选择好的普通摄影器材时，通常会首先搜索卡片机、照相机等，但今天的消费者却会搜索带有精密摄像头的手机。又如，传统电商企业常常只提供邮箱注册账号这一种方式，但移动社交时代，消费者希望能够用更快的方式进行注册等。这些情况要求企业不断对数据的采集、观察和优化的标准进行改变，从而达到最理想的效果。

Part 6

移动社交电商营销案例篇

6.1
案例1：萌店

萌店是上海微盟企业发展有限公司开发的手机App，正式上线于2015年。这是一家新创的社交移动电商平台，个体或企业商户都能够免费在该平台开店，并随时利用客户单对店铺进行管理，获得实时的订单通知。

在萌店系统中，店主还能设置分销模式和合伙人模式进行客源拓展。分销模式中，店主可以对自有货源设计分销佣金，邀请好友分销来一起赚取利润，合伙人模式中，还能够直接邀请合伙人加入店内，享受直接订单带来的佣金。

2016年3月，萌店举行了拼团义卖方式，帮助山东栖霞果农进行了百万斤滞销苹果的销售工作。爱心苹果销售链接通过萌店上架，随后在微信、微博等社交平台进行分享，每10位好友就能组成爱心拼团进行购买。到当月底，超过51万人次购买了产品，总共售出苹果20万斤，这也从一个侧面体现了该移动社交电商的影响力和竞争力。

萌店的使用操作也很简单：

（1）下载萌店App，通过手机号注册，并进行登录。

（2）进入店铺管理界面，在左上角点击“店铺设置”。

（3）在店铺设置中，可以对萌店店铺的名称、头像加以设置。另外，还可以对个性域名、微信号、店铺公告等内容进行设置和修改。

（4）设置完成后，电商可以通过预览功能进行查看，并分享给用户或好友。

此外，萌店设置的分享平台很多，无论是店主还是用户，都能够将产品一键推广到微信、朋友圈、微博、QQ、腾讯微博、QQ 空间、人人网、短信和二维码等平台上，不断通过活动来吸引流量。

6.2 案例 2：嗨个购

在社交电商中，嗨个购属于典型的垂直移动电商企业，其诞生背景来自于强大的国内代购需求，但同时也离不开强大的创始团队。

嗨个购的人才团队有着丰富的经验和有效的协作能力，其创始团队总共 4 人：余恩源在国内快递行业信息化物流解决方案堪称元老，顺丰的信息化解决方案就出自其手；颉晶华原本是搜狐新闻客户端产品总监，擅长社交化媒体运作，带领着搜狐产品技术团队将用户从 0 拓展到 2 个亿；焦卫国是联想的前供应链副总，对国际国内物流有数十年的参与经验；陈征宇则是原 360 副总裁，从 360 的第一步开始直到企业上市，在嗨个购，他主要负责资本和架构管理。当然，由于有人出身于线下零售，有人出身于互联网，在创业初期，他们也进行了一段时间的磨合，才最终捏合成为团队。

在创业团队的领导下，2015 年 2 月，嗨个购 App 正式上线，其营销推广借助于不同的社交网络迅速扩大。上线 3 个月后，嗨个购的注册用户达到 2.4 万，更重要的是，其订单每个月都在翻倍增长，复购率超过了 60%。

对此，联合创始人颉晶华如是说："我们希望通过更多好玩的产品形态，让大家认识到一个不同的海淘平台。在海淘行业竞争激烈的背景下，我们希望粉丝能和我们以朋友的感觉相处。我们也愿意和用户近距离交流，而不是让他们觉得我们只是商品的贩卖机。"

嗨个购专注于日韩护肤化妆品代购，并提供日用品和小型电子产品的销售，以全球榜单、每日新品和个性化推荐来主打活动。嗨个够的服务相当标准化，除了提供正品保障之外，还有快速清关、五天内到货等，几乎完全是针对个人海外代购的弱点而推出。

在正品保障上，嗨个购重视产品质量，其全部商品都来自于海外品牌商的直接采购，而并非境内购货，从而保证用户得到的海淘商品是正品，由于渠道的优势，其商品基本上能走在市场时尚前端。

在物流服务上，嗨个购投入资本，建立了以自营模式为主的体系，并拥有高效的线下物流体系，通过稳定的通关服务、完整的物流管控来确保用户购消费的体验。

总结其成功经验，可以看出该企业主要打造了下面三大类特色功能。

（1）场景化购买。嗨个购的场景化设计，主要体现在社交方面。为了能够将购买流程进一步社交化，嗨个购学习国外移动社交电商理念，推出了"撒娇支付"：用户可以写上一些撒娇的话，并将商品链接分享给好友，而通过这种方式支付的话，用户也可以用额外折扣价来购买商品。这种营销策略既有着实际利益的诱惑，又能够更大程度地让产品和平台品牌得到曝光，因此，在App创建初期，拉动了上万的种子用户进入。另外，还设立了"许愿"平台，当用户对商品许愿之后，平台会自动以帮购的形式为用户下单。

（2）商品展示。积极打造用户和平台之间的相互影响，形成商品自主流动。例如，用户可以将商品照片传到嗨个购平台上进行展示，也可以将自己想要购买的商品照片上传，并获得平台帮助的搜索。此外，用户也可以进行晒单，将商品发布到其个人社交账号上，形成口碑源头，影响新用户的购买决策。

（3）利用**大数据技术**，对顾客的购买行为进行记录和分析，并在后台对用户进行分类，然后进行商品信息的推送。

6.3 案例3：京享街

2015年，作为一家传统的平台电商，京东捕捉到了移动社交电商的风口，推出了“京享街”这一产品。相比较传统电商，京享街是基于熟人关系的社交电商平台，主要通过现金奖励和优惠的方式，鼓励顾客个人进行社交传播。在这一平台上，推广者能够通过将商品在微信、QQ、微博等平台上的分享，实现销量提升，并获得京东商家提供的佣金分成。此外，买家也能够用更加优惠的价格购买商品，同样享受京东的正品行货保证和配送服务。

相比较其他的移动社交电商平台，京享街具备下面的特点：一方面，实现去中心化，从而解决了传统电商中用户在消费时对搜索的过度依赖，解决了流量垄断问题；另一方面，也避免了个人电商面临的多层级分销模式、囤货压力。在这样的交易环节中，推广者作为社交传播关键节点，向其所在的人际网络进行产品的信息输送。推广者能仅仅凭借其丰富的购物经验、对产品挑选的良好品位和日常生活中积累的人际信任，实现积累式的利润获取。

京享街主要按照下面的方法进行运作：

（1）安装注册。用户可以通过安卓市场或者 App store 下载并安装，随后可以用京东账号进行直接登录。登录后，需要用户进行银行账号的绑定。

（2）用户可以从软件界面中的新手指引进行学习，了解整体运作规则。

（3）打开“我的店铺”，并在“装饰店铺”中选择头像、店铺名称和 Logo 等信息，加以填写，点击确认并等待审核后，用户的个体微店就正式上线了。

（4）用户在店铺中添加商品，并将店铺或者商品的链接发给好友进行销售。为了更好地组织这些用户进行沟通，京享街还专门设立了官方 QQ 群，将用户聚集在一起方便交流经验。

利用京享街，不仅个人用户从中获得了微电商的受益，企业品牌也得到了稳定且持续的扩展流量。2015 年的“双十一”，时尚女装品牌尚古主义在该平台上配置了佣金 10% 以上的商品，利用企业的官方微信号推送“分享赚佣金”的主题活动，在京享街首页进行活动轮播图，最终实现了高于官方微信公众号 10 倍的阅读量，而转化率也提高了 5%。

除了尚古之外，入驻京享街进行社交营销的还有劲霸男装、茵曼等知名品牌，仅仅“双十一”当天，这些企业通过京享街所获得的订单量就比以前高三倍之多。

为了更好地推广这一软件，京东也举行了相应的线上和线下活动。例如，9 月在广东地区推出了拯救校园剁手党的活动，这项活动设立了分享奖和拯救奖，想要赢取分享奖，用户就要先关注京享街的公众号，并点击“找货”，随后将商品反链接分享到朋友圈即可，想要获得拯救奖，则需要关注公众号之后，点击“活动”菜单，随后完成“拯救剁手党”游戏并进行分享。

在线上，京享街在主页上推出了“最低佣金 29 元”“昨日 TOP10”“闺密最爱”等不同主题的活动，利用这些活动，不断推动用户和周围人际关系的连接，将产品与平台资源进行整合，帮助越来越多的商家得到流量和订单，也让越来越多的用户提高了影响力和收益。

6.4 案例 4：蘑菇街

蘑菇街，从创业开始就立志做购物与社区的相互结合，但由于种种原因，在创立后的很长时间内，蘑菇街只能选择和淘宝这样的平台点上进行合作，而其每个月总收入 90% 也都来自于淘宝的销售分成——直到 2013 年，蘑菇街所面临的发展情况才彻底被改变。

2013 年，阿里宣布对导购平台进行封杀，蘑菇街失去了流量导入的源头和出路，被迫之下开始转型。两年之后，蘑菇街已拥有 1.3 亿注册用户，每天的活跃用户高达上千万，成为了仅次于微信、微博和陌陌的国内第四大社交平台，在电商层面，其月度覆盖率也达到了将近 3% 左右，成为全国仅次于淘宝、京东、唯品会购物、手机天猫的第五大移动电商平台。

这一切，蘑菇街是怎样做到的呢？创始人陈琪的总结：用社交固化流量，再用电商进行变现，这就是他们所走出的“社交 + 电商”之路。

最初，蘑菇街是将社交和电商分开进行的。社交解决了顾客流量问题，从还在淘宝平台上时，他们就结合女性用户的特点，设置了不同的栏目和主题，包括情感、减肥和购物等，并在不同栏目中设置了更多的子主题。这些主题尽可能地覆盖到了消费者兴趣方面，并由蘑菇街引导消费者之间进行充分的分享，从而确保不同细分栏目和主题得以活跃，诸如“夏季怎样混搭”“什么化妆品最值得使用”等问题，促使细分垂直的社群效应产生。而在推出 App 之后，蘑菇街特意强化了社群效应中的原创内容，在 App 首页中间，他们放上了一个照相机按钮，目的就是希望用户能够创造出更多内容。

转型开始后，蘑菇街几乎放弃了 PC 端原有的社交平台架构，但却遭遇了留存用户的重大困难。到 2013 年年底，痛定思痛之下，蘑菇街全面转向移动化，并和社交进行深度结合，最终将发展定型为社交电商。

随着这样的转变，App 首页也发生了变化。目前，该软件的首页由图片信息流组成，几乎全部都是网络红人或普通用户发布的内容，其中有用户旅行的收获、亲手 DIY 的创意饰品、生活中的随性搭配等，也都能成为消费者购买的产品，这样的安排进一步弱化了买家和卖家的差异，强调了人和商品的价值，为用户打造了玩、逛和买可以同步进行的消费模式。

此外，蘑菇街还进行了形式多样、内容丰富的线下营销。例如，2015 年，蘑菇街买手集市杭州站在西湖文化广场开始，其中内容包括综艺表演、创意美食、时尚走秀等，还将上百位时尚红人的买手店直接搬到了线下，当天的交易数量就高达 2100 笔。这样的线下聚会活动，全年在不同城市共举办了 20 场，拉近了用户之间的距离，形成更为紧密的社交效应。

在传统媒体广告、影视综艺营销和社交媒体传播上，蘑菇街也不断发力，全渠道塑造其差异化品牌形象。例如，在北京和上海大规模推出平面广告，在社交网站推出了一系列真实感人的买手故事，在当红综艺节目《花样姐姐》上开展内容营销合作：该节目在蘑菇街上开了一家买手店，众多明星在节目录制的旅程中不断掏出手机购买商品，上线之后不到数秒就会全部卖光，这种由粉丝支撑起来的海量人气，也让其社交电商的品牌形象直线蹿升。更不用说 70 亿网络播放量的电视剧《克拉恋人》，巧妙地将剧情设置为“国民女性高雯在蘑菇街开店”的情节，吸引来一大批粉丝下载蘑菇街进行账号之间的互动。

蘑菇街从导购社区，变身成为垂直电商，最终又确定为社交电商，但不变的却是将消费和社群加以紧密联系的企业思路，而这种思路决定了他们了解用户的需求、了解品牌的传播途径。

6.5 案例 5：宝宝树

2014 年年初，著名的母婴社区网站宝宝树宣布将要尝试对电子商务和社区进行嫁接。这标志着宝宝树社交电商化转型的开始。该企业在旗下针对孕期人群的手机 App“快乐孕期”之上打造特卖频道，在没有进行任何硬广宣传的情况下，效果却非常理想，成交量是同阶段移动电商的几十倍。随后，该企业又在网站上推出“美囤妈妈”电商板块，同样获益匪浅。

宝宝树是怎样从一个强大的社区，转身成为新兴的社交电商的?

宝宝树创立于 2007 年 3 月，经过 7 年的成长之后，成为全球最大母婴社区，注册用户达到 1600 万，月独立访问用户数量超过 1 个亿，家庭日记上传量总数达到 2000 万，每天都有将近 20 万条的育儿问题和互动进行解答。宝宝树上的用户大多数为 80 后到 85 后年轻母亲，对互联网社交和电子商务有着巨大的依赖与需求。

面对汹涌的电商竞争浪潮，宝宝树并没有首先进入垂直母婴电商战场这片红海，相反，他们全力打造社区内容，和所有参与者进行交流和打磨，促进正确的氛围。正如其副总裁魏小巍所说，只有先利用专业知识和严格管控，去帮助用户对产品进行筛选，让用户产生信任，才能成为优秀的电商。

具体来看，宝宝树走过了下面几个重要步骤：

1. 社区是基础

宝宝树的 3 个创始人都是电商出身，但他们创业时并没有直接选择电商，而是从社区入手。整个社区开发和维护团队，着力于将丰富广博的母婴育儿知识，以用户喜闻乐见的形象，深入浅出地形成文字、视频、动漫、音乐等，使得用户对整个宝宝树社区产生情感，并形成品牌。

为了给用户带来良好的体验，宝宝树社区非常注意营销内容和场景之间的结合，在宝宝树，广告内容不会突如其来地出现在和育儿需求场景无关的地方，即使出现，页面也简洁明了，尤其是当用户寻找相关人、机构和信息的时候，才会进行推送。

即便在宝宝树转型电商之后，也并没有大张旗鼓地宣传，他们依然希望保持宝宝树的社区体验，以留住最忠诚的客户。

2. 工具是渠道

宝宝树的用户对社区产生了良好印象，并获得了丰富、有用的信息，也就由此开始认识和自己需求相近、兴趣点相同的用户。比如，同龄圈、同医院圈和各种帖子中认识的陌生人。由于在一起讨论和交流，形成了社交圈子和沟通实践，并迫切需要用来交流的工具。在这样的情况下，即便宝宝树已经在 PC 端处于业界领先的位置，依然坚定地将大部分资源转向到移动端。

在设计移动端社交工具时，宝宝树尤其注意工具的简单化、功能单一化。

宝宝树将原来的社区划分成为不同的移动端小产品，包括“快乐孕期”和“快乐育儿”等 App。其次，是移动端界面的美观、亲和、温馨，满足用户的心理需求。

3. 严控产品质量

身为全球最大的母婴社区，几乎所有的母婴知名品牌都和宝宝树有着战略合作关系。因此，宝宝树产品基本上是品牌方直接供货，并采取品牌限时特卖模式，能够在特卖时间段内以全网最低价为用户带去实际利益。

4. 挖掘母婴需求

宝宝树有一个专门的数据挖掘团队，由博士后领导，专门从事对大数据的挖掘整理工作，其数据分析结果集中体现在一张不断即时更新的“母婴需求列表”上。这张列表上体现出的用户需求，就是宝宝树领导层进行战略决策的依据。正因为如此，宝宝树才能够开发出全面的产品，从社交、早教产品到女性娱乐，几乎围绕着用户全方位的需求加以满足。